利玛窦入华及其他

张错 著

名家讲坛

黄山书社

图书在版编目(CIP)数据

利玛窦入华及其他 / 张错著.—合肥:黄山书社,2016.12
ISBN 978-7-5461-6220-1

Ⅰ.①利… Ⅱ.①张… Ⅲ.①利玛窦(1552—1610)-人物研究
Ⅳ.①B979.954.6

中国版本图书馆 CIP 数据核字(2017)第 000264 号

利玛窦入华及其他
LIMADOU RUHUA JI QITA

张错 著

出 品 人 王晓光
策　　划 马 磊 高 杨
责任编辑 秦矿玲
装帧设计 观止堂_未 氓
出版发行 时代出版传媒股份有限公司(http://www.press-mart.com)
黄山书社(http://www.hspress.cn)
地址邮编 安徽省合肥市蜀山区翡翠路 1118 号出版传媒广场 7 层 230071
印　　刷 合肥精艺印刷有限公司
版　　次 2017 年 4 月第 1 版
印　　次 2017 年 4 月第 1 次印刷
开　　本 710mm ×1000mm 1/16
字　　数 160 千字
印　　张 14.25
书　　号 ISBN 978-7-5461-6220-1
定　　价 32.00 元

服务热线 0551-63533706

销售热线 0551-63533761

官方直营书店(http://hsssbook.taobao.com)

序

利玛窦是中国人耳熟能详的历史人物，中小学教科书都会提到这么一个耶稣会士，在明末万历年间来到中国传教，同时把当时西洋的新知传入了中国。利玛窦入华作为一个代表，作为一个历史象征，反映了中西文化在 16 世纪接触时的互动，有碰撞，有吸纳，有排斥，还有意想不到的个人心理冲突与对文化的自我审视。

以中国这方面来说，基督教教义的传入，必然引起文化与宗教意识的冲突与反思。基督教教义如何对应已在中国逐渐合流的儒、释、道三家思想？如何吸纳文化背景完全不同的中国教民？如何对待中国的敬天法祖传统？如何让历来采取开放式宗教情怀的士大夫皈依一神论的基督教？在在都使传教士面对文化碰撞、冲突与互动这些重大议题。这些不但是历史研究的重大议题，也是现代人关心的人类处境中难以解决的困惑。

耶稣会士来华，还引发了中国有识之士对天文地理的重新审视，改变了一些人的世界观与认识论。徐光启与李之藻追随利玛窦，探索西方数理知识领域，有其宗教皈依的实践一面，但绝对有着个人对知识追求的好奇，反映了西洋文化传统可以强烈吸引中国知识分子的事实。目前有些学者过分强调利玛窦与徐光启传递西洋新知是一种策略与阴谋，时时故意扭曲科学知识以适应传教目的，或处心积虑贬低中国科学传统，以彰显西洋数理知识之优越，制造传教的空气。这种文化批判的研究法，固然可以刺探当事人自己也意识不到的幽暗心理，却忽视了更为明显的人类对知识的好奇。对新鲜事物的好奇与探求，是研究利玛窦及传教士来华给我们的一个启示。

我对利玛窦入华虽然饶有兴趣，也研读过大部分能够到手的历史材料，却始终没有以之作为研究的课题。邀请张错兄来城市大学，集中探讨相关的一些课题，为学生进行深入浅出的讲座，让我重温了一些过去思考过的问题，温故而知新，倒有无穷乐趣。

张错兄在进行讲座时，城市大学与北京大学合办了一个“利玛窦及四百年来之中西文化互动”国际学术研讨会，并由城市大学校长张信刚教授带队，到北京参观了利玛窦及早期在华传教士的墓地。遗址历尽沧桑，还经过多次的破坏与重整，规模与安排都非复原貌了。当时我们一行人寻访墓地，沿途问路，许多居民不但不知墓地何在，而且连利玛窦是何许人也不知道。我不禁有所感慨，想到一些介绍利玛窦的文章，连利玛窦的生卒年都说不清楚，思之怃然，曾写了一篇小文以为纪念，录如下：

利玛窦于一五五二年生在意大利，三十岁的时候来到澳门，万历二十八年十二月晋京，谒见明神宗万历皇帝。有些人搞不清利玛窦是哪一年到的北京，因为万历二十八年是公元一六〇〇年，怎么大家都说是一六〇一年呢？别忘了中西历法的不同，中国传统的阴历十二月，一般都是西历的下一个年头。利玛窦晋京的时间很不巧，正好是中西历已经交替改换之时，所以，引起了换算的混乱。不过，这是历史研究的初步认识，麻烦归麻烦，认识还是得有。因此，万历二十八年是公元一六〇〇年没错，利玛窦于万历二十八年到北京也没错，于公元一六〇一年到北京也没错。没错，没错，错的是脑子里少了根弦，不知道中国阴历年底极可能就是公元阳历次年的年初。

利玛窦在北京，颇受皇帝的恩宠，虽然不能影响朝政，却获得皇帝赐第给廪，算是钦准纳入了统治阶层的圈子，有了与朝廷命官及士大夫平起平坐的法理了。不幸的是，他在北京只生活了九年，于一六一〇年四月死。关于他是什么时候死的，现在的历史记录也不同，有的说一六一〇年四月死，有的说万历三十八年庚戌五月十一日死，好像众说纷纭，其实，又是因为中西历错乱之故。应该说，他死于中国阴历的万历三十八年四月，即是阳历公元一六一〇年五月十一日。公历的日子详尽，因为是耶稣会士自己记载的。

利玛窦死后，耶稣会士通过李之藻上了奏折，又得到皇帝的钦准，赐了一块墓地，就在当时北京的西城外。《帝京景物略》是这么记的："越庚戌，玛窦卒，诏以陪臣礼葬阜成门外二里，嘉兴观之右。其坎封也。异中国，封下方而上圜，方若台圮，圜若断木。后虚堂六角，所供纵横十字文。后垣不雕篆而旋纹。脊纹，螭之歧其尾。肩纹，蝶之矫其须。旁纹，象之卷其鼻也。垣之四隅，石也，杵若塔若焉。"

死后哀荣，墓也建得有气派。可惜，四百年后，我站在墓前，早已景物全非了。

郑培凯

目　录

自　序

《利玛窦入华及其他》一书，是我2001年秋季在香港城市大学中国文化中心任客座教授时，所做的10个讲座中的8讲，多少代表了我近年的研究方向与努力。其实这十讲总体来说，又可分为文化、艺术与文学三大部分。读比较文学出身的我，跻身于文学以外的比较文化及艺术，表面看来有点不务正业。细观之下却并不尽然，因为比较文学发展到后来，停留在中西或东西方比来比去，已落下乘的声闻辟支，反而在较大的文化文本里看出更深广的涵面及意义。换句话说，我经常向自己询问的问题，已经从“文学写什么”转变为“文学为什么会这样写”。这种思潮改变，使我走出几十年来纯文学研究的窠臼，而进入一个更大的文化宇宙。

也就是这种学术态度，使我对古代文物产生了无限兴趣与索求，即使不是主修艺术，我也可以从一面战国或汉代铜镜里，看到蟠螭及虺纹图腾无穷幻变以及云雷、波纹、鸟羽图案背后的美学信仰。尤其是汉朝博局镜，除了追寻好博汉人所弈的六博戏外，镜内所显示的四灵与天人合一的和谐以及求仙祈福或哀怨缠绵的“长相思，毋相忘”的铭文，都令人在阅读古籍文字之余，神往于古人图像所表现的艺术境界。同样是这种学术兴趣，使一向对陶瓷有极高兴趣的我，花了五年多的时光，每晚上网学习阅读拍卖行对陶瓷文物的描写，从而升堂入室，一探宋明名窑的奥秘。

除了浏览图片与参观博物馆的展出外，我没有忘记在西安陕西历史博物馆内，第一次亲眼看到秘色青窑那温润翠绿的狂喜。或是在台北鸿禧美术馆当我手捧牙白划花定碗，那种身历其境的坚薄感觉，使我无怨无悔地从书本堆中走出来。

但是近年用力最多的还是在文学本行。一如前述，从文学转入文化研究后，我开始质疑五四新文学自 1919 年的肇端，甚至尝试把它提前到鸦片战争前后，最后落实在 1600 年利玛窦入华期间。也就是说，我在城市大学文化中心的讲座，主力仍在于基督文明入华的冲击与演绎。

利玛窦滞华一共 28 年（1582—1610），但如从进入北京的 1600 年 1 月 24 日算起，在京城活动只有 9 年。各项传记及书信资料显示，利氏居近三十载，自边陲的澳门或肇庆，到中心的南昌或北京，无不显现他的苦心孤诣，以折中的西方教义融入东方传统，从而臻达宗教感化救世。利氏一生，象征着这种努力的成功与挫败。

如果我们分析这种努力，很快便会发觉，基督文明入华，有如一部《天路历程》(*Pilgrim's Progress*)，尤其是耶稣会士的策略。从利玛窦早期“先僧后儒”到后期与佛教对决的“附儒佞释”，解释了这项历程的求索努力（quest），除了竭力进入核心，敲开北京紫禁城的大门，进谒万历帝外，还包括了以西方文明作为本位起点，进入中国版图，学习并挑战其文化为目标，臻达最后以宗教拯世教化之目的。

但是利氏并未明白，每一种边陲，都可能是另一种核心，尤其以文化观点而言，他自以为的中原文化，其实只不过是政治版图在北方的权力核心而已。他每次放弃的地域起点，譬如从澳门到广州的南方文化，却也是大中华文化的据点或终点。因此我们甚至可以把这种错综复杂（intricacy）的关系看成一种吊诡（paradox）。起点是一种终点，终点也是另一种起点，只有把点与点连接、凝聚，才能牵引出全面文化的点线面。可惜利氏并没有这样做，他的方法是渐进式的接纳、扬弃，再接纳、再扬弃。许多问题更是难以超越天主教教理底线，忽略了中国文化最突出的吸纳包容特质以及释、道两家与儒学互补关系。因为宋明理学对释道教理的微妙认同调适，与其看作宗教皈依（religious conversion），倒不如看作意识形态的凝聚融汇（ideological convergence）。

2001年10月，香港城市大学正式成立“跨文化研究中心”，同时召开一连三天的“利玛窦及四百年来之中西文化互动”国际学术研讨会。我躬逢其盛，得聆各地学者集益思广之余，并引出更多对中西文化互动的感触。

以利玛窦为首的天主教耶稣会士，在明末清初挟西方先进科技文明，以雷霆万钧之势叩关，并在策略运用上企图以科学真理附会为宗教真理。对一个杰出领导人物而言，利玛窦本人的坚忍性格与亲和魅力，使他在学习中国语言文化之余，能同时在天主教教规中做出极大的调整折中。譬如西方脱帽以为尊敬，东方反是，利氏则未要求信徒在弥撒时脱帽。中国人男女授受不亲，利也在领洗时的涂油仪式中以镊子夹棉花涂油，而不按教规用拇指。

就连弥撒许多祷告经文也尽量译成中文让信徒了解，甚至后来教宗保罗五世于利氏逝世后五年（1615）批准用中文望弥撒及诵读日课，也是利氏早年请求教廷许可之启发。

但当文化层面碰触基本教义，利氏便无从退避折中，他与佛教的许多争论，弊端在求其相异，而非求其相同，结果往往是流向名相之辩，而远离中西文明（西方以基督文明为代表，东方以儒、释、道三教文化为代表）的互动目标。更者，求其相同，并非求其相等。中国佛教自汉魏入华，唐宋而大盛，除了玄奘取经译经，带来另一股外来文明冲击洪流以外，禅宗的异军突起，亦是极力打破虚妄名相，有如耶稣基督不断以层出不穷的比喻告诉世人，天上之事，犹如“风的响声”，只可意会，不可言传，甚至和庄子《齐物论》内之“天籁”如出一辙。

但当我们读到利氏与佛教辩争，他复袾宏和尚信函内的几句话（“我以天主为主，汝以佛为主，理无二主，即无二是。”）时，我们便知道，这是一场没有结果的辩论。我们可以一厢情愿把利氏视为科学家或哲者，但他仍然自始至终是一名传教士，传播福音、宣扬教义以拯救众生为其第一要义。尽管日后，由于他的来华以及其他传教士把华夏文化带回欧洲，造就了无数的伏尔泰（Voltaire）与莱布尼茨（Leibniz）。

本书定稿之际，也就差不多是我返美之时，回顾身处香港的三个月，有如春梦一场，然而梦境斑斓，似幻实真。世间一饮一啄，固有前定，百日相聚，却也是另一种缘分，令人无从洒脱，更而临别依依，大概也就只能归诸诗人一种无从摆脱，无法超越的浪漫情怀吧。但是理智的一面随即告诉我，感谢是必需的。除了感谢张信刚校长及郑培凯兄提供给我这个机缘外，中国文化中心同人对我的照顾，不止显示出群策群力的一面，同时，从讲座开始到此书定稿的种种安排与协助，这份心意，也够我一生回味了。

张错作于香港城市大学中国文化中心

2001 年 11 月 28 日

比较文化篇

一、传承与影响
——明清时期基督教文明的入华策略

（一）前言

如果从大小不同历史事件去追溯五四运动始源以及在新文学史中承前启后的位置，我们当然可以把时间推到1919年之前，以清末谴责小说之兴起归纳成1840年鸦片战争为起因以及随后80年的内忧外患。许多蛛丝马迹的显露——政治、经济、宗教牵动文化，而文学更常为测试及呈现文化变迁的示温器。抗议性的谴责或嬉笑怒骂，是对现状温度的提升；相反，个人逃避的风花雪月，却是对现状冷漠反应的降温。我们甚至可以援引古希腊酒神与日神的两大崇拜，以激情与理性互相激荡作为五四文学兴起的导向，但这些均是文风兴起后的传承。如果追溯以德、赛二先生为首的五四新文化运动，则不但可以从谴责小说推前到西书中译的西方文化启蒙，更可以从自强运动或鸦片战争再度推前，以西方基督文化进入中国作为五四新文学兴起的最早触机。唯有全面的透视，我们才会明白，西方文明之入华，不仅是殖民主义者的船坚炮利，而在策略运用中，往往牵连着神灵救世的宗教理想。因此，中西两大文明的交合，应该肇始于明末清初之际，欧洲耶稣会教士自万历末年至天启、崇祯间，相继入华。梁启超在《中国近三百年学术史》内更断言：“中国知识线和外国知识线相接触，晋唐间的佛学为第一次，明末的历算学便是第二次。在这种新环境之下，学界空气，当然变换。后此清朝一代学者，对于历算学都有兴味，而且最喜欢谈经世致用之学，大概受利、徐诸人影响不少。”[1]

（二）历法修订：天命之篡夺

梁启超点出历算学及附带的经世致用之学，是基督文明入华的关键。自秦汉设立太史掌管天象历法，到宋元的司天监，迄明清的钦天监，无一不为皇朝统治者的正统天命服务。同时因为对节气、月、日的安排以及日食、月食和五大行星运行的推算，间接影响着中国农业生产的起息作业。因此历法的计算与推行，历朝以来，上自君臣，下至平民布衣，已成为官民间一致公认的“道统”。从元代开始的“授时历”（1281年颁行），到明初朱元璋修改为“大统历”（1385年颁行）基本上只是把洪武十七年（1384）天正冬至改为历元，而其他天文数据及计算则未有改变，更显露出新王朝以新历法作为新天命之加庇。但事实上由于元初“授时历”的制定年代久远，计算渐差，到了明万历年间，已经测算不准。近代学者指出：“由于在制定‘授时历’的工作中，解决三角函数值和反三角函数值的问题时，采用的近似公式比较粗疏，计算结果误差较大；取三为圆周率值也增加了误差，再加上受当时天文观测水平的限制等，问题就逐渐暴露出来了。当初曾有人向朱元璋提出‘授时历’‘年远数盈，渐差天度，合修改’，朱元璋没有采纳这个建议。”[2]

1600 年，利玛窦携同西班牙传教士庞迪我自南京出发，到天津住了六个月，终于在 1601 年元月得蒙万历帝在京召见。因为元明两百多年来的“授时历”与“大统历”屡次推算日食不准，间接影响了在整个历法内对营建宫室陵墓，推合皇室大婚，选择吉期、出师日期的安排。利玛窦早在南昌时，就利用他的科学知识准确预报了 1596 年 9 月 22 日的日食。所以在他晋见万历帝时，他就在贡礼及疏内提出：“天地图及度数，深测其秘，制器观象，考验日晷，并与中国古法吻合。倘蒙皇上不弃疏微，命臣得尽其愚，披露于至尊之前，斯又区区之大愿，然而不敢必也。臣不胜感激待命之至。”[3]值得注意的是利氏之用语，“与中国古法吻合”，而非“取代”中国古法。这是西方文明第一次小心翼翼地敲门，也是传教士除了军事知识与火炮技术以外首次与中国文明的重叠结合，其效果自然昭彰。同年（即 1601 年），利氏准确预测出 6 月 15 日及 12 月 9 日的月食。两年后（1603 年）预测出 5 月 11 日的日食。相比之下，明钦天监的预测失误极大，利玛窦随即名倾一时。

西洋历法的引介是一个微妙契机。如前所云，中国传统历法代表着一种天命正统的传承。人与天密切结合，天象影响人间种种作业，更兼中国以农立国，无论播种、收成，都与历法上的节气有关。

历法准确，代表天命垂顾万民；历法不准，天时失调，人无依归。利玛窦看准这一点，以欧洲历法来修改中国古历，无形中带给他传播的宗教另一种的正统“天命”意识，大大加强了入华天主教教义的权威性。

中国历法以太阴为主，欧洲历法则自公元前46年，罗马的恺撒采用埃及天文学制定以太阳历为主的新历。到了1582年罗马教皇格雷高利十三世更制定“格雷历”，规定以世纪年能被四除尽者置闰年，由于利玛窦的老师克拉维斯是制定“格雷历”的成员，利氏对这个简明精密的新历法自然格外留意学习。1604年，就是利氏准确测出日食之翌年，徐光启建议利氏译西书，而利玛窦最初就把“格雷历”翻译成中文，但可惜基于律例，不能公开刊行。这可能是利氏一生最大遗憾，因为他逝于1610年5月，而在同年年底钦天监预报的日食时间（12月15日）又有逆差，引来百官指责纠正，由礼部动议请历法专家辅助修历。这时钦天监的监官周子愚已经提出请耶稣会教士参理历事。他说：“大西洋归化远臣庞迪我、熊三拔等携有彼国历法，多中国典籍所未备者，乞视洪武中译西域历法例，取知历儒臣率同监官将诸书尽译以补典籍之缺。”[4]所谓“知历儒臣”，就是徐光启和李之藻，还包括京外的邢云路及范守已等人。可惜1615到1617年爆发“南京教案”[5]，使修改历法拖延成为政治问题，传教士被控涉嫌以“大西”代替“大明”、“天主”代替“天子”，如此去修订祖宗钦定历法，更成为大逆不道之事，未能速竟全功。

这是西方文明利用天文历学企图进入中国道统的艰苦斗争。利玛窦诸人早知西方的几何学、日晷仪及测量仪等学术仪器并未受到中国重视，而中国最感兴趣的是天文学上的行星方位、轨道日月食的计算法以及制定行星逐日行程表的知识。利玛窦在写回罗马的一封信里就曾这般强调——

> 我在这里，因着我制造了《世界舆图》、日晷仪、浑天仪、地球仪和测星仪等，说明效用，已赢得天下第一算学家的名誉了。我虽则没有天文书，看了葡萄牙人的某几种历本和表册，有时候推测起日月食来，竟比他们准确。因此，我虽然一再声明没有书籍，不便纠正他们的推算方法，他们却大都不相信。我便说只要我说起的那些历算学家能来，我就不难把我们的天文表译成华文，把他们的历法修正一下。这就可以使我们得到极大的名誉，我们也就把中国的门户开启了，又可以巩固我们的地位，增进我们的行动自由。[6]

最后四句话真是可圈可点，明显表示当年传教士煞费苦心利用西方科技文明企图攻入中国传统堡垒。铁门打开后，传教士便不再局限于京城，而能把教义传播到中国其他地区去。

我们也可以把这种企图视为一种天命“篡夺”。利玛窦逝世后 19 年，即 1629 年，钦天监按照“大统历”推算 6 月 2 日之日食亏盈时间皆差两刻，崇祯怒责钦天监，而监官回称，“大统历”定于明初，其实是元朝的“授时历”，260 年来毫无增改，其实自元朝的“授时历”做历以来，18 年后（元大德三年），已出现问题，在是年 8 月，日当蚀而不蚀。3 年后（大德六年）6 月又将日食推算错误。当时的历官“亦付之无可奈何，况斤斤守法者哉？今若循旧，向后不能无差！”[7]

历官的意思非常明显，如循旧历，非错不可；如要准确，定要改历；但在奏中不敢明言，怕惊动祖宗大法。皇帝只好点头，礼部奏请改历，徐光启奉旨筹建历局，编纂《崇祯历书》。

徐光启修历之科技仪器不必细述，值得注意的是工作人员的选用，除了征用国人南京太仆寺少卿李之藻外，还援引朱元璋译《回历》的先例，公开表明要袭用西法，起用北京外籍传教士龙华民及邓玉函，大事译书，翌年邓玉函病逝，又另起用在河南的罗雅各及西安的汤若望。上面这几个人可以说是学术传教的肇始，也是西方文明企图利用科学来证明天象的真理。我们知道，早期西方天主教会对哥白尼及伽利略的“日心说”宇宙观，反应强烈，因为与当时教义的“地心说”相悖，哥白尼的《天体运行论》更被列为禁书。但后来比利玛窦较晚入华的传教士邓玉函、罗雅各及汤若望都能捐除教会恶习，打破教廷严格限制，把《天体运行论》带到中国，并断断续续地传入伽利略的学说，尤其是伽利略天象观测的成就。汤若望除了以制造西洋大炮出名外，还是望远镜专家，他不但撰写《远镜说》，这成为光学及制作望远镜的开山著作，而且多次输入西洋望远镜。到了 1634 年，他和罗雅各两人进呈崇祯帝一架连带镀金镜架及铜制附件的望远镜，皇帝特准他们进入紫禁城安装，并赐御宴。自从 1617 年“南京教案”发生以来，经过 17 年辛苦耕耘，他们卷土重来，终于开创出西学东渐的局面。

及至清兵入关，《崇祯历书》改称《西洋新法历书》或《新法算书》，奠定以后数百年清朝历政。自 1644 年 5 月清军入京，悉数保存汤若望天象仪器及历书镌版开始，继而于 1660 年（顺治十七年）召南怀仁入京纂修历法，在黄伯禄著的《正教奉褒》内载，自康熙到道光之间的百余年间，西洋教士在钦天监内工作不下二十人,除了修历制器译书之外,更常兼任监正或监副之职。[8] 当然，传教更是他们心中唯一要务，由传教而附带的文化影响更是不容忽视。

（三）舆地与奇器：华夏中心的解构

20世纪80年代，《河殇》在中国的出现，代表着中国知识分子另一次巨大的觉醒与探询。在第三集《灵光》中有几段话是这样说的：

> 今天回想起来，16、17这两个世纪的确是令中国人十分心酸的两百年。当王阳明在那里静坐格竹子的时候，达·芬奇一面解剖尸体一面画着蒙娜丽莎，麦哲伦完成了他最早的环球航行，哥白尼也在准备发表《天体运行论》。后来，当顾炎武醉心于订正古字音的时候，伽利略发明了望远镜，哈维出版了论血液循环的巨著，而牛顿创立了微积分。西方人研究星辰、人体、杠杆和化学物质，中国人则研究书本、文字和故纸堆。因此胡适曾说道："中国的人文科学所创造的是更多的书本上的知识，而西方的自然科学，却创造了一个新世界。"
>
> 于是，17世纪以后，那个"新世纪"要来叩一叩古老东方紧闭着的大门了。摆脱了中世纪蒙昧主义的基督教，以充满活力的姿态，带着一种全新的文明，从海上来了。如果说，一千五百年前是中国皇帝主动去请印度高僧的话，如今的"西

方高僧”却是不请自来的。

大名鼎鼎的意大利传教士利玛窦在1582年来到中国，1610年死于北京，坟墓至今还在北京。过去相当长一个时期里，我们一直把他说成是“西方文化侵略的工具”。其实，既然中国历史能给予支谦、鸠摩罗什那些印度传教者以很高的地位，为什么就偏偏要歧视这位“西方高僧”呢？这恐怕正是因为对这第二次外来文化的冲击，中国已经没有往日汉唐那样的胸襟和气度了。

利玛窦第一次告诉中国人，你们不在世界的中央，而是在北半球的某个地方。他带来的西方科学著作，至今还保存在北京的图书馆里。[9]

上面这几段话，除了印证本文“前言”引用梁启超所谓“中国知识界和外国知识界”两次接触外，还特别指出西学东渐有着非常正面的意义。其中一项最大突破，就是解构华夏中心主义。中国，再也不是世界的中心，只是地球村的一员。

中国到了明朝还是相当封闭的国家，虽然经历过汉唐盛世对西域等边疆的开拓以及蒙古人在元朝武功鼎盛时直逼东欧，但一切皆回归于以中国为核心的华夏中心主义。朱元璋登基后的明朝更因国力单薄，无法兼顾神州大地而实施海禁闭关政策，其结果是，无论军事或文化，都退居于一种守势。明代倭寇为患，防倭最力的戚继光，不但在陆地上修筑自原来长城位置向后退缩500千米的明代古北口长城，还在海岸线戍建著名的蓬莱水城。但如前所云，一切皆是固步自封的守势，姑息于倭寇随意的流窜。

唯一值得一提的是1405年郑和率领庞大船队在前后28年间七下西洋，远达印度、阿拉伯以及东非沿海地域，政治意义大于开拓意义，但正如梁启超在《郑和传》内称："但其动机安属，勿具论。吾征诸史文，于郑君首途之前，有深当注意者二事：一、曰其目的在通欧西也。二、曰航海利器之发达也。"[10]但梁氏随即将郑和与哥伦布及发现印度新航路之维嘉达哥马互相比较，则郑氏后继无人，堪足喟叹。

郑和出使西域对欧洲毫无影响，相反，自16世纪到19世纪的300年间，西方教士大批来华传教，利用广州、澳门开启的商埠为门径进入中国。为了传教，他们学习中国传统礼仪及经史典籍，耶稣会的罗明坚、利玛窦，比利时会的柏应理（Philippus Couplet）于1681年写的《中国贤哲孔子》（*Confucius Sinarum Philosophus*），卫方济（Franciscus Noel）的《中国哲学》（*Philosophus Sinica*）都分别向欧洲介绍儒家学说。其中最重要的影响，当然是德国古典哲学家莱布尼茨（Gottfried Wilhelm Leibnitz）基于耶稣会神父如闵明我（Philippus Maria Grimaldi）等人传给他的儒学，而于1697年写成《中国近事》（*Novissima Sinica*），高度推崇中国哲理文化。[11]

但这些都不是本文强调之处。在未进入第三节讨论儒学接受与异化之前，我们却想看看西方基督文明初期如何解构中国天圆地方的自我中心。

利玛窦于1582年8月到澳门后，勤习中国语文，翌年9月，便随罗明坚到肇庆建天主堂定居，在那里，他陈列了许多西洋物件，其中一项就是悬挂一幅用欧洲文字标注的"万国舆图"。这幅地图大异于中国历代的“华夷图”或“天下舆图”，因为在地图里面，中国再也不是焦点、中心，而附带着陆上接界和海岛散布“夷狄”，仅仅只是许多大国中的一国。观众在大惑不解之余，向利氏请教，利玛窦乘机解说他来自何地，如何东来。这种解说，有如马可·波罗当年之对忽必烈，更何况中国南方广东小镇肇庆的市民？自是有如天方夜谭。聆听之余，除了大家催请利氏赶快把“万国舆图”译成汉文外，肇庆知府王泮更敦请利氏重新刻印一张地图，并保证如地图绘就印传，一定提高他在中国的声望。后来利氏在万历廿八年入京，得蒙召见，向帝献贡，曾有以下的一段描述：

> 献上主圣像、圣母像、天主经典、自鸣钟大小二具、铁弦琴、万国图。皇上欣念远来，另见便殿，垂帘以观。命内臣习学西琴，问西来曲意。利子始译八章以进。后蒙赐问大西教旨及民风国政等事。于是钦赐官职，设馔三朝，宴劳利子等。固辞荣禄，受廪饩。上奉圣像于御前，置自鸣钟于御几，后命画工图形进览。[12]

其中最能让龙颜大悦的是自鸣钟，这也是利玛窦终于能入京面圣的大功臣。在上述自鸣钟大小二具中，“有一座齿轮结构的自鸣钟，大小适中，制作精巧，能报出一小时、半小时和一刻钟。另外一座是在钟盘上标出中国时辰，刻有龙的图案，装饰华丽。当利玛窦北上途中被软禁于天津卫时，明神宗突然想起问自鸣钟为什么还没有到京，终使利玛窦一行在严冬中得脱于冻馁。入京献贡后，皇帝一直把钟放在自己跟前……按惯例，外国朝贡者不得在京久留，礼部官员多次上奏让利玛窦等离京，利氏则央求恩准在京居住。在双方僵持中，皇帝只把礼部奏折‘存中’不理。管理自鸣钟的小太监深知万岁爷爱钟，他们怕应付不了钟出毛病而招致杀身之祸，所以希望利玛窦能长久留京。皇上终于发话——利玛窦可以随意在京居住”。[13]

从上面这段记载中可以看出，利玛窦入华后在熟习中华风俗之余，一定还在传教策略中思虑如何打入京城核心的权力机构，舆地知识是一个契机，在本文第一节详述的历法修订是另一种手段，但必将取时甚久，证诸利氏生前在华几经波折仍并未见到历法正式修改，便见端倪。而在西方科技引进中立竿见影的，则为以奇巧之器（如自鸣钟），投皇帝欢心。难怪利氏后来颇为得意地在他的《中国札记》中赞叹自鸣钟“成为整个中国议论和羡慕的对象，托上帝之福，它注定要产生迄今仍然是很明显的效果”[14]。

其实“奇器”并非限于自鸣钟，中国第一个学会拉丁文的士大夫王征（1571—1644）在他传奇的一生里，就因为在京城与龙华民、邓玉函、汤若望等人过从而得悉西方各类奇器，最后于1626年与邓玉函合译《远西奇器图说》一书。他在自序中指出这本书只是“乃远西诸儒携来彼国图书，此其七千余部中之一支，就一支中，此特其千百之什一耳”[15]。这七千多本西方书籍，有许多还是用拉丁文写的，尤其是《新约圣经》等，王征可以说是中国最早用拉丁字母A、B、C、D取代汉文甲、乙、丙、丁的人。学者们后来指出，这些微不足道的文字小动作，在当时已算壮举，因为王征本人心理上要跨越“夷夏之防”的障碍，也就是我在本节前述的西方基督文明如何解构华夏的自我中心。王征的字母取代就是最早的攻坚。

至于与邓玉函合译的《远西奇器图说》，其实可以说是“前五四”文化西书中译最普遍的方法——口译，那就是由邓玉函口授，王征用汉文记录成书，再摹绘原书中的配图，以帮助对文字的理解。这类“始作俑者”的西书中译，至少比鸦片战争后的自强运动或启蒙时期大量的翻译西书（林纾与西人合作的“口译”如出王征之辙）早二百余年，是值得注意的，尤其吸收西方科技，以补中国之不足。王征在上书的选录原则有三：（1）对民生日用和国家所需之“最切要者”；（2）适于工匠操作和投资不大的“最简便者”；（3）在众多同类型器械中选择“最精妙者”。由于这三最，该书原名就叫《远西奇器图说录最》。在实学思潮的推动下，王征的《远西奇器图说》和他同期人物宋应星的《天工开物》有异曲同工之妙。不同的是，《天工开物》是纯粹的中国科技，可以上溯先秦时期的《考工记》，更是中国农业和手工业生产的百科全书，尤其是培育优良稻种和杂交蚕蛾之法。至于其他如冶炼、纺织及采矿方面，在在说明了中西科技并驾齐驱的局面。可惜一直中归中、西归西，未能全面融会贯通，尤其在晚明时期，更未能为当朝者赏识。王征饱尝仕途之坎坷，遭逢冤狱，晚年更因抗李自成之义军绝食而死。虽说他适逢西方传教的“奇士”，造就了他对“奇器”的认识而自成一个综合发明家，可惜他受西方启发后的各种发明，并未受到重视。宋应星的《天工开物》成于崇祯十年（1637），他在自序中就语重心长地说，“此书于功名进取，毫不相关也”，因为他认为下层社会的农、手工业生产技术和士大夫那一套济世理论实不相及，尤其对那些生长于深宫的王孙帝子，“御厨玉粒正香，而欲观耒耜；尚宫锦衣方剪，而想机丝”[16]，实在需要《天工开物》这类书籍来满足丰衣足食之余的好奇心。

由此可见，早期西方传教士非常了解当朝者对所谓奇技（技术）或奇器（器械）的好奇心理，除了让圣上大加赏识的自鸣钟外，还有告诉中国天外有天的世界舆图。

继前所述，利玛窦在肇庆绘制世界地图后，在南昌、南京和北京重绘修订至少有八幅，其中尤以1602年绘制的《坤舆万国全图》最为完整而具特性。为了迎合华夏人士的“天朝”或“中国为世界中心”意识，利玛窦故意把地图上第一条子午线左移170°，将“大明一统”的中国版图呈现在世界中央，而把南北美洲特意绘在亚洲东面，全图的形状有两种，一种为椭圆形图，另一种分东西两半球形。当然，把中国放在地图中部的绘法用的是椭圆形图，并利用这张地图，把西方经纬度制图法、五大洲的知识、地球圆形说、五带划分（热带、南北温带、南北寒带）等学说传入中国。许多图中之译名如亚洲、欧洲、大西洋、地中海、罗马、古巴、加拿大等，仍沿用至今。

利玛窦在万历廿八年（1600）进贡宫中的地图，就是这幅《坤舆万国全图》，后来《明史》记载利氏事迹时有这样的一段：

意大利亚居大西洋中，自古不通中国。万历时，其国人利玛窦至京师，为万国全图，言天下有五大洲。第一曰亚细亚洲，中凡百余国，而中国居其一。第二曰欧罗巴洲，中凡

> 七十余国，而意大利亚居其一。第三曰利未亚洲，亦百余国。第四曰亚墨利亚洲，地更大，以境土相连，分为南北二洲。最后得墨瓦腊泥加洲，为第五，而域中大地尽矣。其说荒渺莫考，然其国人充斥中土，则其地固有之，不可诬也。[17]

利未亚洲（Libya）指非洲北部；墨瓦腊泥加洲（Magellanica）指南极洲，因葡萄牙航海探险家麦哲伦（Magellan，旧译墨瓦腊）而得名。

其中最可圈可点的一句是“其说荒渺莫考”。虽是半信半疑，但中国仅为亚细亚洲百余国之居其一，却令中国的“华夏中心”心理大为动摇。为了一探究竟，万历帝命庞迪我为利玛窦的各国地图撰写“图说”，结果未成而卒。后来由艾儒略于天启三年（1623）增补续成，书名《职方外记》，分成六卷，前五卷述五大洲，最后一卷为四海总说、岛屿、水族、物产及船只航行。这本“图说”开创了清初介绍西方风土地理的风气，包括利类思、安文思与南怀仁合著的《西方纪要》以及南怀仁的《坤舆全图》与《坤舆图志》。到了康熙年间，更由西洋传教士一手包办全国舆地图的测绘，在康熙六十年（1721）木刻印刷的32幅《皇舆全览图》，至今仍为中国地图的最早根据。

因此，从“其说荒渺莫考”，到历法舆图的鉴定，我们看出华夏中心心理调整的一段非常艰苦的心路历程，那不仅是神州一统神话的幻灭，更是西方文明进入中国的另一种胜利前奏曲。利用科技真理——天文与地理，告诉天朝上国一些不可转移的真理事实，譬如日、月食的准确时间与五大洲的存在，这些都是传教士为了进入中国的一种“手段”，无形中也借此打破或解构华夏中心说，进而宣播他们入华的最高精神目的——把基督拯救世人的教义传入中国。

（四）天儒合一：基督文明与儒学的互动

如前所云，无论历法天文、地舆或奇器奇技，都是传教士借基督文明打开中国的大门，以影响华夏的自我封闭，同时更借科技的逻辑与真理（历法准确计算或地舆学显示的世界地型甚至地圆说）企图建立西方文明的威信并发展其影响力。观诸利玛窦及其他传教士对明末众士大夫的影响，天主教史学家就封徐光启、李之藻、杨廷筠等名臣为“圣教三柱石”。没有他们的穿针引线，利玛窦在明末的艰苦开创，未必能让汤若望、南怀仁等人继而在清初入关后以竟全功——“天主欲创一大事业也，往往兴起一二德才出众之人，为其工具，使其成事。明末，圣教传入吾国，天主生入吾国，使之传教我中国，奠定圣教基础。利玛窦殁，在襁褓中之圣教，亟须有人抚育，天主又生中国圣教三柱石——徐光启、李之藻、杨廷筠，使之护卫圣教。明亡，清入据中原，圣教之前途安危莫测，天主又生汤若望，以保障圣教，而圣教得以渡过危险。”[18]这当然是神学者论调，以“天授神权”的观念作为世间各事互动的根源。但是如果从思想史的角度入手，却并非“天命”如此简单，现且以徐光启为例作一说明。

樊洪业在《耶稣会士与中国科学》一书中论及晚明思潮与西学传播时，引用侯外庐《中国思想史纲》内一段晚明知识分子之渴盼科技思潮的文字。侯说：

> 明代万历以后，朝政腐败，是中国历史上一个典型的内外交困的衰世。但长江中下游地区离战争动乱较远，当地的经济生产和工艺技术有了前所未有的提高。这一现象与封建社会母体内正在酝酿的新的生产关系萌芽紧相联系。在这样的历史条件下，一些先进知识分子对科学技术给予重视，形成一种思潮……属于这一思潮的，有李时珍、徐光启、李之藻、宋应星、王征、焦勗、方以智这样一系列杰出的代表人物。[19]

由此可知，西方科技文明之进入中国，与其说是殖民主义扩张或基督文明强行抢滩，毋宁说是中国知识分子对富国强兵的另一种热切期望。这是一种相辅相成的历史真理，像燧石的互击而产生电光火石的火花，进而燎原。

徐光启（1562—1633）生长于江南耕织世家，因后来家道中落，乃向仕途发展，果不负众望，廿岁中秀才，但一直到15年后，徐才以35岁之龄到京应乡试，拔置第一，而列为第一名举人。其仕途坎坷，他极度厌恶这种朝廷会试选录制度，却又无法可施，兴趣便转向社会民生的实学，这种现象其实也发生在李时珍与宋应星身上，但他们和徐光启最大的不同，乃是徐接受西学并洗礼为天主教教徒。《徐光启集》中记载，自徐中举以后，“尤锐意当世，不专事经生言，遍阅古今政治得失之林”，并且“时时窃念国势衰弱，十倍宋季，每为人言富国之术。富国必以本业（指农业），强国必以正兵，二十年来，逢人辟说，而闻之者以谓非迂即狂”[20]。在另一场合，与崇祯皇帝的答对中，徐更谓：“《周礼》三物，德行为先，下至礼乐射御书数，亦皆是有用之学。若今之时文（八股文），真是无用。”[21]上述六艺之“数”，就是科学的“数学”。

徐光启自1604年入京识利玛窦后，经常布衣徒步，到利氏居所请教，而选译的第一本欧洲科学著作，就是《几何原本》。要注意的是，这本《几何原本》虽与数学有关，但所谓“几何”，却非当今所谓的geometry。这本书源出欧洲数学大师欧几里得（Euclid，公元前330—公元前275）的《原本》（*Stoicheia*），是一部有严密的演绎体系的数学著作。但是到了徐光启的手里，因为尽量用意译而非音译，于是“几何”成为学科名词，以其中文原意“问有几多？”为本。此书成就与影响非凡，据云利玛窦逝世，神宗皇帝赐葬，有内官质疑自古外宾均无赐葬，为何利氏例外，当时的东阁大学士叶向高是这样回答的：“子见从古来宾，其道德学问，有一如利子者乎？毋论其他事，即译《几何原本》一书，便宜赐葬地点。”[22]此话说得如此理直气壮，可知其影响之深远宏大。

由此看出，以西方科技来打动公卿大夫公理的影响与成功，是无可置疑的，但是我们知道这均不是利玛窦及其他传教士来华的初衷。利氏最初来中国，曾剃须发穿僧服及居寺庙，以宗教僧侣身份来传道，但随即发觉未臻理想，遂易儒服而涉足于士大夫阶层。

这是表面现象，背后的因素繁杂交织，无法归纳说明。现且以各种显著行动成果来替利氏及其他耶稣会士在中国传教作一阐释。

1. 利玛窦易穿儒服的主要原因是发觉中国是一个以儒立国的国家。相反，佛道宗教虽有影响，然均摒弃于道统之外，尤其思想上与儒家的对立非常明显。为了推行天主教教义，“认同”儒家非常重要，因为即使因之而与佛老对立，却能争取到儒生的接受与同情，绝对是上上之着。谢肇淛在《五杂俎》一书内提到利玛窦时有这样的描述：

> 天主国在佛国之西，其人通文理，儒雅与中国无别。有利玛窦者，自其国来，四年方至广东界。……其书有《天主实义》，往往与儒教互相发明，而于佛老一切虚无若空之说，皆深诋之。余甚喜其说为近于儒，而劝世较为亲切，不似释氏动以恍惚支离之语，愚骇庸俗也。与人言恂恂有礼，词辩扣之不竭，异域中亦可谓有人也已。[23]

这里提到的利氏所著《天主实义》一书，写于万历廿四年（1596），内分两卷，以西方中世纪的哲学理论方法，介绍圣多玛斯的哲学与神学，并大量引用中国经典，以融合儒家与天主教教义。观诸谢肇淛的反应，此法是非常成功的。但诋诟佛老之说，尤其利玛窦与当时杭州云栖寺高僧莲池大师袾宏（1535—1615）的争辩，却未能全然服众。此是后话，至少，利氏认同儒教之姿势已随同西方科技介绍与影响，而为儒林接受，至属无疑。

2. 利氏之天主教教义与儒学融合仍是一种“传承”手段。因为他知道一种外来文化（或宗教文化），要想在排外意识甚强的中国知识群中扎根，除了认同，还得“化西为中”“以异求同”，如果能将天主教教义与中国道统挂钩，自能溶解异族因素而吻合华夏传统。以上所言的中西异同，正是近代中西两大文化交合的关键。利玛窦本人在写给铨部大臣虞淳熙的亲笔信中，曾这样技巧性地表明自己来华异中求同的心迹，他说：

门下试思，八万里而来，交友请益，但求人与我同，岂愿我与人异耶？逃空谷者，闻人足音，跫然而喜矣。辽豕自多其异，窦乃极愿其同，则群豕果白，亦跫而喜之日也。[24]

利氏强调，他来华目的，绝非止于介绍西方科技及器械，而在于传道。浮槎泛海八万里，携来之各类科学成器：

其以技巧见奖借者，固非知窦之深者也，若止尔尔，则此等事，于敝国庠序中，见为微末，器物复是诸工人造，八万里外安知上国之无此，何用泛海三年，出万死而致之阙下哉？所以然者，为奉天主至道，欲相阐明，使人人为孝子，即于大父母得效涓埃之报，故弃家忘身不惜也。[25]

上面这段话所表明的传教心迹，已昭然若揭，而引人注目者，厥为“天主”及“孝子”等词语。孝子或孝道是中国所熟悉的，然而以“天主至道”来阐明孝道，却是儒释道知识分子眼中的“异道”，也是以科技文明（譬如前述之历算及地舆学）解构中国道统后的最大挑战，同时亦是这批耶稣会传教士毕生努力，出生入死，锲而不舍的终极目标——把天主教教义传入中国。

“化西为中”其实就是策略性地把传教的手段与目的尽量“华化”，除了为人所熟知的利氏等人如何在言行举止、饮食起居、衣着语言、文学礼仪等方面中国化外，最大的转折点就是利玛窦在《天主实义》一书中所提出的“天儒合一论”。所谓“天儒合一”，就是把西方的天主与中国儒家所侍奉的天或上帝合而为一，容或在层次上稍有差别。照利氏原意，虽说把天主与上帝附会在一起，天主的层次仍高于中国观念的天，但他引经据典，指出：

> 吾天主乃古经书所称上帝也。《中庸》引孔子曰：“郊社之礼，所以事上帝也。”……《周颂》曰：“执兢武王，无兢维烈，不显成康，上帝是皇。”又曰：“于皇来年，将受厥明，明昭上帝。”《商颂》曰：“圣敬日跻，昭假迟迟，上帝是只。”《雅》云：“维此文王，小心翼翼，昭事上帝。”《易》曰：“帝出乎震。”夫帝也者，非天之谓，苍天者抱八方，何能出于一乎？《礼》云：“五者备当，上帝其飨。”又云：“天子亲耕，粢盛秬鬯，以事上帝。”《汤誓》曰：“夏氏有罪，予畏上帝，不敢不正。”又曰：“唯皇上帝，降衷于下民，若有恒性，克绥厥猷惟后。”《金縢》周公曰：“乃命于帝庭，敷佑四方。”上帝有庭，则不以苍天为上帝可知。历观古书，而知上帝与天主，特异以名也。[26]

上面这段话强调两点：帝者非天；帝者自有其天庭领域，亦绝非苍天可比。所以他的结论是中华供奉的上帝，其实就是西方天主之异名。由此引申，孔子之内圣外王，述而不作，追随上古先贤圣哲之道，敬天躬仁，实在相等于《圣经》中施洗者约翰等待救世主的来临。[27]这样一种附会，表面看来并未具有说服力，但是如果把这道理加附其他因素，则成为“改教”（proselytization）的最大借口。

什么是其他因素呢？据学者研究指出，利氏及其他耶稣会士的传教策略具有高度权宜性。孙尚扬在《明末天主教与儒学的交流和冲突》一书中就以两个章节《解释与调和》及《理解和接受》来说明策略中不同阶段的权宜性。在《解释与调和》中他指出，传教士的策略运用，有“公私之别”与“中西之别”。公私之别“即对公众，（他）尽量介绍儒学与天主教相合的地方，并在基础上肯定、赞扬儒学，以争取欧洲人理解和支持耶稣会传教策略；对个人，利玛窦则有保留地介绍两者不一致的地方，以说明在中国传教的困难，进而争取友人或长上的同情。”[28]这是他一方面要应付西方教廷的道统压力的权宜，以争取较大的支持。但与中国士大夫的交往中获得普遍同情与信服后，他却在异中求同中指出“中西有别”：“他对儒学中一些妨碍天主教传播的观念、思维方式则多贬斥。明末一些思想家常以‘俗儒’‘愚儒’‘拘儒’斥责王学末流，利玛窦在其中文著作中亦常以类似的语词加于儒学之上。”[29]

因此我们看出，天儒合一说，其实还是并非完全合一，是以天主与上帝的同，达成异中求同，化西为中，以求取儒家士大夫的基本认同。但是他并没有把天主教转化为儒学，相反，进一步强调儒家缺乏灵魂说之差异，而选择性地向儒学精英分子呈现宗教上的中西有别，以达成“转教”或思想转向的目标。

3. 表面看来，基督文明与儒学的互动好像均先来自科技引介，或儒家化的将教义与儒学挂钩，从而达成感化效果，但上述这种互动因人而异。譬如本文第一节中论历法时提到的“知历儒臣”徐光启与李之藻，那是非常准确的，因为他们两人均有科技头脑——徐光启翻译了《几何原本》，李之藻刻印《坤舆万国全图》并写跋文，对地理、天文、历算，甚至铸制大炮，尤有贡献。他们的科学头脑，利玛窦称赞为聪明了达，卓荦过人。

并非以科技为前提，却吸取西方文明的，是“圣教三柱石”的最后擎天一柱——杨廷筠。他之接受西方教义与文明，可以说是利玛窦、艾儒略等人来华传教最大而显著的胜利；那是一种直接感化，而非间接影响。杨廷筠不具备科学头脑，但在神学、宗教方面的兴趣与汲取，远远超出其他人对西方科技的影响依赖。艾儒略甚至为之作传《杨淇园先生超性事迹》一卷，与艾氏所作利玛窦、张识等传记并列，足见其地位之隆。是书成于天启四年（1624）冬，由艾氏口授、丁志麟笔录，文长四千五百字，为17世纪以降西方传教士来华必读之著作。

杨廷筠之受到重视，不是出于科技成就，主要由于两种原因：佛教徒改教；儒士转化。他是另一种典范。艾儒略最初描述佛教徒的杨廷筠是这样的：

> 公倡道学，结“真实社”，讨论勤修，遐迩知名。其优婆比丘，袭竺衣钵之传者，恒以禅乘中之，于是公之门有礼僧之室。[30]

由儒入佛，在宋明士大夫的思想转化中，经常发生，杨氏自不例外。因为入佛多来自两方面的领悟：其一，理想挫败，宦途生波；其二，生死之事未了。而杨廷筠两者均兼，他是党争的牺牲品，以病告归，在杭州礼佛参禅，以明空妄。但自李之藻处得识郭居静、金尼阁两位西方传教士后，并领洗入天主教，就一位浸潜佛学，结社讲经，参禅悟道，施舍修寺的佛教儒生而言，实不多见。

基督与佛的教化，固有可通之处，然杨氏领洗前最大的困难是因为他遵承儒家无后为大的宗旨，因无子嗣而曾纳妾生子。天主教教义中十诫有“严邪淫，只以夫妇为正，毋二色”语。杨氏遂陷于两难之境。他曾向李之藻抱怨：“泰西先生乃奇甚，仆以御史而事先生，夫岂不可，而独不能容一妾耶？若僧家者流，必不如是！”杨氏抱怨利玛窦真是怪人，我以御史地位事他如先生，他却不能容忍我有一侧室，如果是佛教僧侣，必不会如此。

待李之藻向他解释说：“于此知泰西先生非僧徒比也。圣教戒规，天主颁之，古圣奉之，奉之德也，悖之刑也。德刑昭矣，阿其所好，若规诫何？先生思救人，而不欲奉己，思挽流俗而不敢辱教规，先生之德也。其所全多矣。吾知过而不改，从之何益乎？”听了这番话后，杨“公猛醒，痛改前非，屏妾异处，躬行教诫。于是先生鉴其诚，俾领洗焉”。

杨廷筠的“猛醒”十分有趣，值得追究，究其原因，实在于李之藻。杨李的对话含有一些基本道理（rationales），杨廷筠最初提出的不是对错问题，而是待遇问题。他认为以他对传教士之礼遇，如应用在佛教僧侣，必会从宽处理，但李之藻给他解说的颇有释家因果意义，所谓戒规，其实是一种规范，奉悖是因，德刑是果。既然赏罚之间如此昭彰，而世人但求所好，那么设立规诫来做什么呢？跟着，李之藻的结论却是儒家解释，既然泰西先生的仁德是普救世人，我们又岂能以一己之私知过而不改？如此信奉追随又有什么用处呢？由此杨廷筠尽释其疑，领洗后慕奉圣教，不再奉行佛教放生市井购得的“鳞介羽毛”，而“知爱物不如仁民，乃鸠荐绅善士同志者，共兴仁会，每月就主堂中随所愿舍笥贮焉，令忠谨之士司其出入，饥者食之，寒者衣之，渴者饮之，病者药之，旅者资之，虏者赎之，死者藏之”。我们一方面看到杨氏对儒家的屈服，将侧室摒放他处；另一方面也看到他从许多佛教的世俗行为中如买物放生之类，转化为基督的仁爱世人，这是非常重要的转化。因为我们看到的不只是宗教信仰的转变，更谲诡的是儒学转化，从出世的遁逃转为入世的博爱。纵观杨氏一生的转化，颇有禅宗公案中老僧见山是山的三重境界，而我们都知道，30年后所见的山水已非30年前的山水，因此，我们也知道，身为天主教教徒后的儒生杨廷筠，和从前参禅蓄妾的儒生杨廷筠，自非一人。

（五）结论

由此可知，基督文明之进入中华，其过程实在千丝万缕，难以梳理。明清之际，基督教教义之接受与排斥，此起彼伏，亦难以用成败论英雄。但我们清楚知道，如非当初利玛窦等人以西方科技叩关，则中国的自强与启蒙尚不知要待何时。如无西方启蒙与自强运动的鞭策，又何来五四运动之觉醒。我们知道，五四运动并非单纯的文学或语言解放运动。究其本质，无疑是政治与文化觉醒，新与旧交替中的抉择。但是何谓新？何谓旧？实在难以定夺，盖新者并非诞自一朝，而旧者亦非萎于一夕，鲁迅的短篇小说，就卓然标榜新旧交替的矛盾。更甚者，我们发觉，反儒家封建的五四文士，许多实出身于儒学封建传统，并非一味西化而弃传统不顾，这点实和明清士大夫接受西方科技文明的转化十分相似。因此所谓前五四，或五四前期，实可推前于明末。在文学或文化思想的发展过程里，极难有一清晰之朝代或年代，古今或新旧之分水岭。今天追溯并评析西方基督文明入华的种种策略，甚至在某一程度企图去认定那是殖民者与传教士的“入侵”。但另一方面，这些传教士尝试不用枪炮而用十字架的过程是艰苦而漫长的，因为16世纪、17世纪欧洲资本主义辉煌成长，而中国的封建经济与文化也在筑起一座座难以攻陷的城堡。试以福建为例。元代开始，天主教教士就随着色目人的经商活动来到福建，1326年泉州主教安德鲁在写给秘鲁几亚（Perugia）教堂的华登修士的信中，就提到泉州天主堂主要是由居住于当地一位富有的阿美尼亚（Armenia）贵妇出钱修建的，[31]入内供奉的教友当然也是以富商及在当地有影响力的西方侨民占多数。尤其在种族歧视严重的元代，各色人种的宗教自任其信仰方式，汉人的释、道亦如此，更与“蕃客”的基督信仰背道而驰，格格不入。自1368年起，元朝一亡，明朝在汉人统治下，蒙古人出塞北迁，色目人随即四散离开中原，天主教业也缺乏信徒基础而在泉州解散崩溃。从上述教训中，16世纪的传教士改变了他们的传教方式，因此才有本文所述以西方科技“攻入”紫禁城，更由于他们尊重与学习中国文化及大量翻译儒学，如《四书》等经典，使他们在未开始影响中国知识分子前，便先自己接受这种“融和”。换句话说，他们未开始西化中国时便已先华化了。观诸利玛窦及艾儒略等人后来受到中国士人的重视与尊敬，就是因为他们的国学涵养与人格，已为汉人认同并接受为其中一分子。明末东林党人邹元标把利氏传授之教义视为“与吾国圣人语不异”。艾儒略后来在福州等地传教，教徒视之为“西来孔子”。种种征象，均在指出利、艾等人已成功地融入中国士大夫知识分子阶层，设下了日后自强运动以及各种启蒙如西书中译的伏线了。

注　释

[1] 梁启超 . 中国近三百年学术史 . 台北：华正书局，1994：9。梁氏此书成于 1923 年，据他自称，这部讲义上溯三百年前之 1623 年，可以说是 17 世纪至 19 世纪的学术史。梁氏以时代思潮代替朝代分期，建立了学术思潮的分期观念（periodization）。可参阅该书第二章《清代学术变迁与政治的影响（上）》。至于西学入华，梁氏公开指出：“明末有一场大公案，为中国学术史上应该大笔特书者，曰欧洲历算学之输入。”正文中的“利、徐”当然指利玛窦和徐光启。

[2] 樊洪业 . 耶稣会士与中国科学 . 北京：中国人民大学出版社，1992：51。

[3] 同 [2]，第 52 页。梁启超亦提及：“先是所行《大统历》，循元郭守敬《授时历》之旧，错谬很多。万历末年，朱世堉、邢云路先

后上疏指出他的错处，请重为厘定。天启、崇祯两朝十几年间，很拿这件事当一件大事办，经屡次辩争的结果，卒以徐文定、李凉庵领其事，而请利、庞诸客卿共同参与，卒完成历法改革之业。”徐文定为徐光启，李凉庵即李之藻。利、庞分别为利玛窦与庞迪我。

［4］同［2］，第 53 页。

［5］有关“南京教案”，可参阅张维华《南京教案始末》，见《晚学斋论文集》（齐鲁书社 1986 年版）。西洋教士王丰肃（Alfonso Vagoni）等人于 1607 年在南京建立第一座天主堂，聚众集会，举行礼拜活动，更欲上书朝廷要求宗教自由。礼部侍郎参奏皇上，风波大起，民情哗然，结果神宗皇帝下令将王丰肃等人“督令西归”。

［6］同［2］，第 52 页。

［7］同［2］，第 54 页。

［8］刘小枫，主编 . 道与言——华夏文化与基督文化相遇 . 上海：生活 · 读书 · 新知三联书店 .1995：92。顾保鹄在《从利玛窦开始传入我国的西方科学》一文曾详细列出西方传教士于明清两朝在华之修订天文与历法，其中尤以康熙七年（1668），南怀仁与钦天监比试历法准确最具决定性。

［9］苏晓康，王鲁湘 . 河殇 . 台北：风云时代出版社，1988：47~48。

［10］黄丙坤 . 郑和的身世和遭遇 // 吴士良，主编 . 东西方文化交流 . 澳门基金会 .1994：121。

［11］黄启臣 . 十六至十九世纪的“中学西传”// 吴士良，主编 . 东西方文化交流 . 澳门基金会 .1994：121。有关《四书》西译过程以及如何融入“孔子中国哲学”里面，可参阅闵哲鲁（David Mungello）之

The Seventeenth Century ——Jesuit Translation Project of the Confucian Four 一文，见 Charles E. Ronan S. J. 及 Bonnie B. C. Oh 合编之 *East Meets West: The Jesuits in China,1582—1773.*（Chicago:Loyala University Press，1988）,P.252~272。

［12］顾长声．传教士与近代中国．上海：上海人民出版社，1981：3~4。

［13］同［2］，第 10 页。

［14］同［2］，第 9 页。

［15］同［2］，第 15 页。

［16］宋应星．天工开物．台湾：商务印书馆，1987：1。

［17］同［8］，第 84 页。此段引自《明史・意大利亚传》。

［18］顾卫民．基督教与近代中国社会．上海：上海人民出版社，1996：54。

［19］同［2］，第 90~91 页。

［20］同［2］，第 101 页。

［21］同［2］，第 10 页。

［22］同［2］，第 22~23 页。

［23］同［8］，第 83 页。

［24］［25］此处乃引自利玛窦之《辨学遗牍》。有关利氏著作之标准版本，请参阅本书第 2 章注［26］。

［26］利玛窦．天学实义（上卷）//顾长声．传教士与近代中国．上海：上海人民出版社，1981：3~4。利氏于 1595 年在南昌刊刻《天学实义》，后改名《天主实义》，1601 年在北京重刻，1605 年在杭州又重刻，曾再版多次，影响全国。

［27］Bernard Hung－Kay Luk.*A Serious Matter of Life and Death : Learned Conversations at Foochow in 1627*.in *East Meets West : The Jesuits in China 1582—1773*，P.174。

［28］孙尚扬.明末天主教与儒学的交流和冲突.台北：文津出版社，1992：52。

［29］同［28］，第52页。

［30］同［28］，第195页。

［31］陈友平，李少明.基督教与福建民间社会.厦门：厦门大学出版社，1992：32。

二、利玛窦之死
——中西文明相互的折中与排斥

（一）利玛窦入华：困难重重

利玛窦滞华一共 28 年（1582—1610），但如从进入北京的 1600 年的 1 月 24 日开始算起，在京城活动只有 9 年。各项传记及书信资料显示，利氏居华廿余载，从边陲的澳门或肇庆，到中心的南昌或北京，无不显现他的苦心孤诣，以折中的西方教义融入东方传统，从而臻达宗教感化救世。利氏之死，象征着这种努力的挫败。

但在所有西方科技文明能征服中国士人之前，利氏面临的还不是如何敲开紫禁城的大门，而是前阶段性的自欧洲航行抵华以及抵达后如何在闭关自守多年的南方沿海边陲定居立足。因为就以当年西班牙与葡萄牙的海上霸权而言，亦不过伸展到西印度半岛的果阿（Goa）。葡萄牙当时掌握着非洲与东亚航权及教廷特派的传教权，果阿亦为葡属殖民地。就以利玛窦航程为例，如果他要来华，必须自意大利的罗马，经热内亚，从葡萄牙的里斯本，然后到印度的果阿，再自果阿绕经马六甲到澳门。资料显示，当时靠风力行驶的大帆船，舱长不逾丈，高不越三尺，船舱窄小而易中暑热，自非洲入印度时，倚赖风力时驶时止，溽热难耐，人一病倒，极易传染，一旦发展为瘟疫，更是死亡相继。许多前往中国的欧洲传教士来到澳门前便死在船上。据统计，从1618年始，22名耶稣会传教士自欧洲起程，生抵澳门的只有8人。26年后，6人动身，死者4人；再过12年，动身者9人，生抵澳门者4人；后一年，17人动身，死者竟达12人。又后17年，派往者13人，生者仅3人。[1]

能够幸存已非易事，遑论航行时日了。利玛窦从里斯本到果阿为时半年（1578），五年后从果阿到澳门，航行近两月之久，途中更大病一场，自分必死，得以幸免存活，更坚定日后神恩垂眷的传教信念。严格来说，另一意大利籍传教士罗明坚（Michael Ruggieri）比他早三年来华，算是首名抵华耶稣会士，但是罗年龄较大，抵澳门时已36岁，在语文学习上未若28岁抵澳的利玛窦进步神速。1583至1588年间编撰，为现今所知的第一部西汉字典《葡萄牙文—汉文辞典》，就是由罗、利两氏及另一修士完成。

路途遥远、航程艰苦以及上述抵华前九死一生的使命感，都使利玛窦诸人殚思竭虑，如何设计先在中国立足，继而发展传教事务。“先僧后儒”是为人熟知的利玛窦采用的汉化认同策略，但我们随即知道，所谓僧人身份，其实是汉人先入为主自“番客”联想为“番僧”的错误观念；所有华夏以西，尤其早自唐朝开始，从天竺入华的佛教僧侣均以番僧视之。早期耶稣会士亦不例外，罗明坚与利玛窦等人最早得肇庆知府王泮协助，在肇庆建造住所圣堂，王泮并赐赠匾额名“仙花寺”，另题中堂“西来净土”，就是确认“西僧”身份。早年罗明坚在澳门把拉丁文的要理教义问答编译成汉文，就称《西天竺国天主实录》。后经利玛窦等人修改，1584年成为第一本在中国刊行成书的《天主实录正文》。虽把前面的“西天竺国”删掉，但著者仍以“天竺国僧书”为号，第一版刻印1200册，稍后继刻第二版，改名为《新编天主实录》，著者加上罗明坚名字为“天竺国僧明坚”。

由此可知，国人于西洋多无所知，地理知识亦不过来自粗糙不堪的舆图，如“华夷图”或“天下总图”。一般老百姓或劳动阶层包括不识字者，对西洋（或番）充满疑虑。而佛教自汉魏入华，至唐宋大盛，宋明新儒更融会释道二家谈性理心学。就知识分子文化的影响与接受而言，利玛窦把天主教教义尽量华化，并且在宗教特征上与华人熟悉与接纳的佛教引起关联，甚至早期穿着僧服，并称教堂为寺庙，实其来有因。“仙花寺”刻印给游客的一项《祖传天主十诫》内，除了强调中国传统尊天敬祖，更把第三诫主日休息做礼拜时的教堂认同寺院，写为“当礼拜之日禁止工作，谒寺诵经，礼拜天主”，实与国人平素到寺院上香礼拜之观念无异。又据《利玛窦传》内载：“‘仙花寺’中厅圣堂祭坛上，供奉圣母像一幅，来客称呼‘天主圣母娘娘’。”祖传十诫第一诫——禁止敬拜别种神像，来客又不懂圣母娘娘为谁，常混为观音或另一女菩萨。两位司铎后来将圣母像收藏起来，在祭坛上供奉救世主像。

> 读书之人接到“祖传天主十诫”，大致一目了然，知与佛教的五戒八戒相仿……[2]

从陌生到熟悉，从怀疑到释然，早期罗、利等传教士用心良苦，迁就国人心理，附会佛教，以求接触中国知识分子核心的儒士。再加上教堂陈列西洋各类科技仪器，吸引大众前来参观，以期引起高层知识分子对仪器准确效果的信服与初步兴趣，进而将追求的科学知识与宗教真理连接。当年肇庆知府王泮就是观看仙花寺悬挂的第一张世界舆图，进而要求利玛窦绘制另一张深具历史性的《山海舆地全图》，印制广传。时至今日，利氏所绘的第一张世界地图，初为意大利米兰盎博罗削图书馆收藏，后被遗忘而闲置，直至1910年才被重新发现。利氏于1599年在南京绘就第二张，后于1601年北京绘制的第三张，为当时最完善详尽之世界舆图，印制分传，台湾“国家图书馆”及其他各地如巴黎、伦敦、梵蒂冈均有收藏。[3]

其实，耶稣会士对佛教僧服及寺庙的附会，也可以引起误会，最明显的例子就是利玛窦“驻锡”韶州六祖慧能的“南华寺”之事，前因后果颇为繁琐，不拟在此详述。1589年，两广总督刘节斋安排利氏等人从肇庆仙花寺乘船前往韶州曹溪的南华寺居住，“天竺西僧”遂与中土禅僧相遇，过程颇为曲折有趣，现摘记于后。

> 南华寺为佛教禅宗六祖慧能的禅坛，位于韶州曹溪，为曹溪禅的圣地。寺建于南北朝，建寺者为印度和尚智药三藏。慧能得五祖弘忍衣钵后，隐居曹溪。年七十六岁，示寂，遗体供奉于南华寺……
>
> 抵南华，方丈出迎，导入客房，备斋饭。寒暄毕，方丈盛赞西僧大德，今承总督遣来，愿以全寺相献，希望能整顿

清规，重兴禅林。利玛窦谦让不已，答以身为远客，暂借禅房。

刘节斋曾以利玛窦自称西僧，当然系佛门弟子，南华寺内便可栖身。南华寺僧人得到总督文书，想是遣派天竺僧人，来寺住持，作为本寺长老。见面相谈以后，方丈听利玛窦自称仅来作客，心中安定。后来引导利、麦（按：指麦安东修士）两人，参观寺院，见两人每过佛堂，并不顶礼膜拜，心以为异。[4]

以上一段描述有如戏剧情节，两广总督误会西僧为天竺佛僧，遣派前来寺院住持。禅寺方丈又敬又怕，怕者为官派之僧，敬者为来自异国天竺，有如禅宗始祖达摩。更见利玛窦等人对佛像并未顶礼膜拜，心以为异；而禅宗却早有呵佛骂祖之举，更增联想。及得见告仅来作客，心中大安，寺院产业遂得保存。而利玛窦本人更是心中有数，翌日，“由南华寺方丈随同乘马入城，往见兵备道（按：指韶州兵备道吕良佐），说明不欲留居南华寺，请准往南雄择地建堂。兵备道吩咐利、麦二人暂住城外光孝寺”[5]。

又据利玛窦本人于1589年9月9日在韶州撰写给驻澳门远东视察员范礼安神父的书信（原文为葡萄牙文）里，亦提及前往南华寺之经过。因为是一手资料，现摘录于后。

在南华寺我们遇到官员的一位使者、方丈与其他主要的人员接待我们，这些人见我们时，很隆重地穿上他们的法衣，给我们打开了所有的神堂神龛，真是不少，也指出何处有六祖的遗体，因为已知道我们吃了鱼，我们不可以进去参观的，只有守斋的人方许进去，而且那里是六祖默想、祈祷以及不化肉体供奉之所。……

虽然，那天我们没有看到六祖的身体，但在次日，因是阴历七月十五日（按：指盂兰节），曾举行游行，围绕在祭台周围，有六七十僧侣，穿上他们的法衣，而出来能参与的僧侣都是较高的人选。我真惊奇他们所有的敬礼。用金银装饰的富丽柱子、香炉，还有九十八台挂灯都是镀金的，日夜不断地围着祭台燃点，位在庙宇中央的一座神堂中，神像安置在祭坛之上。我曾经过一个台级过去，他们很惊奇的是，我没有对神像叩首或行其他敬礼，这是很少有的事，因为中国人一般虽不信仰宗教，也都在神像前敬礼，如点头、叩首等，表示致敬之意。

……兵备道在阅读了我们的申请书之后，令他惊奇不止的是我们不愿在南华寺定居，于是他向我们说："你们对南华寺还不满意吗？"我就给他说出很多不能留在那里的理由。他原不了解我们与佛教不属同一教派，不拜中国庙宇中的神像，也没有一样的教义，直到我给他指出我白天的行程时，他才完全了解，我们确是不属同一教派……

官员就向他（按：指南华寺方丈）说："他们是不拜佛祖的。"方丈说："这样我才明白他们去看我们的祖师爷六祖时，而没有叩首的缘故了。"官员就到我们这里说："的确在古代时，庙宇中本无佛像。"僧侣说："真是如此，不过我们的六祖看见我们南方人都还相当野蛮，是他教导他们制造庙宇中的佛像……"[6]

最后几句话也可能有些误会，官员或许指中国以儒立国，佛教传入中土以后，庙宇本无佛像。僧侣可能指六祖认为岭南獦獠，一时难以教化，“无所住而生其心”，故仍以佛像供奉崇拜。但是上面两段摘录中需要注意的是：利氏等人穿僧服、住庙宇只是入华后的权宜之计，以求安身栖息之所，与释家仍是壁垒分明（尤其教义上更坚持南辕北辙的宗教神学见解）；利氏在南华寺未当面向僧侣明言其异，实在费解，尤其方丈接待、参观寺院，更无语言隔阂（利氏在书信中曾提及僧侣国语甚佳，发音清楚，更懂其他方言），然而为何一直要返回韶州才向官吏申请迁离？其中原因不外是——既以僧称，并及僧侣身份备受礼遇，绝无反僧之理。本文前面早已述及有关西洋教士皆以僧道自称，并以天竺或西竺称西洋。方豪在《中西交通史》内论及明清天主教与佛教冲突时，也曾旁征博引，指出利氏抗佛，是入北京以后之事，初期来华服饰类似僧人，并引张尔岐《嵩庵闲话》内记载：“玛窦初至广，下舶，髡首袒肩，人以为西僧，引至佛寺，摇手不肯拜，译言我儒也。遂僦馆延师读儒书，未一二年，四书五经皆通大义，乃入朝京师。”[7]髡首袒肩的外貌衣着，是有道理的。我们不要忘记，利玛窦在西印度的果阿居住长达五年，始行来华，印度之风俗习惯自有一定影响，衣着袒肩自是不足为奇。髡首者，剃发也，如此便更似天竺僧人了。

但是我们仍未能解答利氏在南华寺为何未向寺僧当面明言其异，方豪列陈九项原因与时代背景，解释明末清初为何天主教大盛于中国，其中一项为“擒贼先擒王”之传教政策之成功。此项政策，据进一步解释，乃是自上而下之传教方法，以直叩宫廷，并先由士大夫及官绅着手，在帝制明代，此法颇为奏效。[8] 我们可以说，利氏生前，先僧后儒，出入禁中，自有其利；然而利氏死后，儒释反击，亦立见其害。此事容后再述。

因此可见，利氏诸人努力结交目标乃在官绅名士，这也就说明为何后来向兵备道申请迁移，而不欲与寺僧花费唇舌。其实，南华寺事件后，利氏等人迁往南雄县，与瞿太素游，亦是造成由释转儒的契机。

（二）利玛窦与中国文化

西方教士与官绅名士交往，并且引进科技仪器以掩蔽其传教目的，从而获取国人信任。在文化层面，便很明显地看出教士的儒化倾向。固然，一方面是基督教教义对佛教的反动；但另一方面，利氏诸人在华交往并无佛僧，全是缙绅名士，如徐光启、李之藻、杨廷筠等人（此“圣教三柱石”中之李、杨二人，并曾因纳妾及儒家无后为大的传统而面对领洗入教挑战）。利玛窦在华所学习吸收感化的，尽是儒学传统而非释家佛理。不仅如此，利氏本人天资聪颖，过目不忘，精习汉文，与入清后康雍年间许多不会阅读汉文的传教士（康熙曾朱批西洋教士为“目不识丁”及“一字不识、一句不通”）实有天渊之别。[9]

因此，我们评析基督文明入华种种策略与时代背景，包括西学东传各种历算、医药、乐曲、农田及水利，都不能忽视一项个人因素——利玛窦本人的坚忍性格与亲和魅力（一个领导人物的先决条件）。许多记录指出，“窦初入中国，一字不识，数年之后，能尽通经史之说”[10]，又“性好施，能缓急人，人亦感其诚厚，无敢负者”[11]。士人群中，更互相推崇——“以余所交，如思及先生，恭谦廉退，尤俨然大儒风格，是则可重也！”[12]

由此可知，利玛窦来华传教身份的递变有两大因素：一是学习中华语言文化，二是蓄发、改儒服、认同儒家。这种性格上的“变通性”，使利玛窦在天主教教规中做了极大调整折中而蒙受其利。譬如西方脱帽以为尊敬，东方反是，利玛窦则未要求信徒在弥撒时脱帽。中国人男女授受不亲，利也在领洗时的涂油仪式中以镊子夹棉花涂油，而不按教规用拇指。就连许多祷告经文也尽量译成中文让信徒了解，甚至后来教宗保罗五世于利氏逝世后五年（1615）批准用中文望弥撒及诵读日课，也是利氏早年请求教廷许可之启发。学者更指出：

> 利玛窦认为，只要天主教的精神能够得以体现，并在中国人士中广为流行，他并不担心教义的完整性和教规的约束性。只要任何外在的形式上的规定会引起中国人的反感，就有必要加以变通和调适。他可以身披袈裟，削发为僧；也可以蓄发为儒，易儒冠儒服，留起一把令人敬畏的大胡子。他有勇气和识见脱下耶稣会士的道袍，改扮僧侣或儒生，可见他并不把道袍作为传教播道、修德行善的必要条件，保罗的“为一切人转变一切”的原则，与“入境问俗”的中国古训，均见诸他的行动。[13]

西方学者同样认同上述见解。

> 在天主教会的历史上，这是一个改良和同化方面的最辉煌而勇敢的尝试，可以称为明智的机会主义，这个尝试会被误解为引诱中国人皈依基督信仰。但是，如果恰如其分地看到利玛窦的决心和动机，就会明白利玛窦的努力接近真理。……他的灵魂中燃烧着对中国人民的爱，他为他们在艺术和文化上的成就赞叹不已，他为他们古代著作者的思想赞美叫绝。他懂得，中国的精神中没有平庸的东西，上帝赐予它一个卓绝的禀赋，在它自身内部具有超越欧洲取得卓绝的人类精神成就的能力。[14]

这是一针见血的看法，因此我们可以说，在利玛窦未以西方科技文明影响中国前，他已经先受优越悠长的中国文化艺术所感染而影响。当我们看到他蓄发改穿儒服时，又岂会不知他在入境问俗之余，不是为中国传统文明所感化？在许多中西文化交流的研究里，我们经常看到的论点往往是西如何影响中，或是中如何译介到西；殊不知经常在交流接触的相互影响现象里，彼此排斥，彼此包容。从16世纪西方传教士入华开始，这种互动精神一直继承至晚清的洋务运动与维新变法，甚至延续到西书中译，直至五四运动西化的高潮。

利氏抵澳门学习中文肇始，便为中国文字（象形与涵义）及博大渊深的文化所慑服，他对中国的热爱可以从当时与罗马联系的书信集中读到。可惜此项资料并非完整，许多都在邮递中失落了，未能串联起来一窥全豹。我们更从遗失过程中得知，当时由中国寄往西方邮件有两条航路：一条往西，自印度洋、南非的好望角、葡萄牙再转意大利，此路线因常有英国、荷兰的海盗掳掠商船，因而祸及邮包，到达率非常低；另一路线经日本，过太平洋到墨西哥，再过大西洋到西班牙转意大利，此路较为安全。[15]不只是水域路线充满不安，而且邮递时间更漫长到三五年，这真令人沮丧。在中国的传教士多一信两发，分别从上述两条路线寄出同一封信。史景迁（Jonathan Spence）曾这样记载：

> 耶稣会士在中国都已饱尝过这漫长航海的艰辛与危险。他们给欧洲去信时，往往是一信两发：一封交给从马尼拉出发，经过墨西哥的西班牙大帆船；另一封则由从澳门出发，经过果阿的葡萄牙武装商船（carracks）带走。利玛窦的上司范里安（Valignano）可能为自己从澳门发出的信花了整整七年时间才抵达罗马而感到震惊，可是利氏把六至七年作为一封信从发出到收回的时间周期。1594年，当利氏从韶州给朋友写信时，他想，如此长的通信时间不但意味着那迅速变革的世事使原来信中所讲述的事情变得富有戏剧性，“而且，那些收信人也可能早已从地球到另一个星球。时常，当我在心中揣测着，我就这里所发生的事情所写成的那些大量而冗长的信件，在寄到他人手中时，说不定收信的人已不在人世，我写信的欲念也就淡漠了”。[16]

利氏说得一点不错，最明显的例子就是和父亲的通信。利氏到中国后，每年都给他父亲写信，但是现存资料显示，只有在1592年11月12日撰于韶州致父书里提及收到利父给他的长信以及得聆祖母逝世的消息。但上述长信，可能并非收自 1592 年，甚至可能是数年以前，因为翌年（1593）12 月 10 日写自韶州的另一封致父书里，利氏提及已数年不曾收到他的信，家中消息毫无所闻，也许信件都在途中丢失了。三年后，利氏在南昌写信给在意大利的弟弟安东·利启，提及自高斯塔神父给他的信函内得知父母的去世。同年在致高斯塔神父的信内利氏亦提及知（高氏也是辗转风闻）双亲逝世，并为他们的安息而奉献弥撒。一直等到九年后（1605），利氏在北京又得闻双亲仍然在世，真是大喜过望，立即写了一封文情并茂、令人感动的家书，但这封家书送到意大利时，父亲却真的逝世了。更令人悲伤的是，他父亲的死讯抵达北京时，利玛窦本人也逝世了。

即使邮递如此艰辛，从现存的利玛窦书信集里，仍能得知他对中国的热爱，那是代表着欧陆古文化对东方古文化的惺惺相惜。1583 年，利玛窦初抵澳门，写信给他的老师富尔纳里神父，提到学习中文的刻不容缓，认为中国语文比希腊文及德文都难，除了涵义深广外，每字都有平上去入四声，许多同音义异，词汇近七万字，构造特殊，难以书写，用毛笔书写的书法如同绘画。即使如此，敬佩之心却油然而生：

> 中国之庞大真是天下无敌，而且土地也非常肥沃……他们对医药也非常精通……他们的印刷技术较我们的还早，但不是用字母，而是雕刻在很佳的木板上。因此书有几页，便雕几块木板，刻书的人技艺熟练，他们雕一块板不比我们排一页书差，而犹过之。[17]

两年后，利氏中文精进，1585年在肇庆写给罗马总会长阿桂委瓦神父的信里，已提及他的汉语程度“目前已可不用翻译，直接和任何中国人交谈,用中文书写和诵读也差强人意”。[18]早一年，他对中国文化的向往信服，更见于下面一段信函里：

> 中国人的智慧，由他们聪明的发明可以得知，论他们的文字，每样东西都有代表的字，而且结构深得巧妙，所以，只要世界上有多少语句，就有多少各个不相同的文字来代表，而他们都能将它们学会并认识得清清楚楚，他们也用它做各种学问，例如医药、一般物理学、数学与天文学等，真是聪明博学……中国政府治国的能力超出其他所有的国家，他们竭尽所能，以极度的智慧治理百姓，若是天主在这本性的智慧上，再从我们天主教的信仰而加上神的智慧的话，我看希腊的哲学家柏拉图，在政治理论方面也不如中国人。[19]

中国以儒立国，利玛窦打从澳门开始，华化的过程其实就是儒化的过程，我们甚至可以说，天主教教义在他策略里的华化，其实就是策略性的儒化，同时也就解释了由僧入儒的转化。他们自称天竺僧人，也许片面意义而言是指来自印度的果阿，也许认为如此认定较能为熟悉佛教的中国人所接受。甚至，以“方外之人”的资格，能够以外人身份在闭关自守多年的中国寺庙内找到栖身之所。许多的理由，都指向一个事实，西僧是一种权宜，儒化才是传教手段。这也就解释了利玛窦等人到南京后，改穿儒服，头戴方巾，见客时，拟秀才礼，官吏皆不以为怪，士人朋友更以为喜，众人皆以儒者视之。[20]在南京，他的住所，成为“南京士大夫聚谈之处。士人视与利玛窦订交为荣，官吏陆续过访，所谈者天文、历算、地理学等，凡百问题悉加讨论”。[21]在北京，他亦是终日与公卿士大夫周旋。学者指出，南京和北京是明代最重要的都市，士绅更是中国社会极重要的阶层，“他们是中国文化的载体和发言人，又被视为社会道德的载体，知书达理，温文尔雅，为人师表，在地方上担负维持秩序和教化的要角。至于官僚，在专制集权的国度，本是上可致君、下能泽民、八面威风、令人羡慕的一群。能否进入士绅、官绅活动范围，是天主教，也是西方文化能否进入中国社会的关键”。[22]

（三）利氏的神奇记忆术

为许多人忽视的一件事是，利氏与中国士人们“所谈者天文、历算、地理学等”以外，还有一技能让官吏士绅相继询访利玛窦的住所，那就是西方记忆术。

据利玛窦表示，造成挤拥人群来看他的原因有六：首先是一个会说中文的大鼻大眼西方人，他们有兴趣；第二为记忆术；第三为他的数学专长；第四对科学仪器的兴趣，包括折光七彩的三棱镜及烫金精装书籍；第五为点金术，认为利氏精通此术；最后第六项才是来听教会的道理。[23]第二项起因自1595年在南昌时，利氏致函澳门孟三德神父（EdoradodeSande），叙述一件有关汉字与记忆术的事，他追述：

> 一天，一群高级有名衔的文官为我设宴，席间发生的一件事使我在他们心中，也在这城市所有其他士人心目中倍增声誉。那就是我为大量汉字确立了“记忆法”，为了跟这些士人在已建立良好关系上，更渴望获得他们的信任，我给他们表演了一些熟悉的汉语字符的明显特征。这将对荣耀天主举足轻重，也为现时在中国进展的传教事业关系极大。我告诉他们可以在一张纸上，按照他们选择的任何方式，不按顺序写出大量汉字，然后，我只需看上一遍，就能按他们书写的方式、顺序把这些字记住。于是他们就照办，不按程序写了许多字。我读了一遍，然后尽可能凭自己的记忆，按他们书写方式和顺序背写出来。这使他们大吃一惊，认为是一件了不起的大事。为了增加他们的好奇心，我又凭记忆，把这些字倒背一遍。对此，他们全部大惊失色，简直不可置信，立即恳请我把这神奇记忆术传授给他们。于是我的名声便迅速在这些文士中流传开来……说真的，这个《记法》倒确实像为那些汉语字符发明的，极有功效，因为每个汉字都可作为表达意义的意象。[24]

以认单字的方式来运用记忆术重新背写，的确让在场的所有人惊奇不已，但尚不致为挤拥往访利氏的主因。1597 年，利氏致函给神学院同窗巴丝奥乃伊神父，提到把早期写的记忆术“翻译”为中文而成《记法》一书，这本书本是献给巴神父的。接着他说：“因此中国人对我们都十分钦佩，在他们书中对我推崇备至，认为我有‘过目不忘’之能，当我否认时，他们还不相信，认为那是谦词而已。尤其同他们辩论时，我常引他们的经书；有时为开玩笑，背诵一段文章，并能立刻倒背，因此使中国读书人惊讶不止。我最大的辛苦是应付这些读书人，因为今年本月（1597年9月）南昌举行乡试，那么多生员、秀才来访，不知应如何打发他们啊！”[25]

这才是中国士人拥挤造访利玛窦的原因！原来利氏记忆术可以运用到经书的背诵，更进一步在科举制度的选拔里发挥记忆中国经典（背诵默写）功能，那真是比点石成金的炼金术还让中国知识分子兴奋！这更变相印证了“书中自有黄金屋”这句话，难怪利玛窦把记忆术列为中国人对他有兴趣的第二名。

《记法》一书全名为《西国记法》，出版于1596年，署“利玛窦诠著”，并由朱鼎瀚添订。[26]这应是利玛窦早期在意大利的著作稿件修改而成的。利氏在耶稣会神学院进修时，受到一项修辞学与语法基本教材的启示，就是塞浦里昂·苏尔兹（Cypriano Soarez）著述的《修辞学艺术》（*De Arte Rhetorica*）。这是一本耶稣会学生必修的教科书，除了分析文句结构，还要求学习者掌握大量比喻、隐喻、声喻、倒叙、讽喻、夸饰等修辞技巧。苏氏称这些技巧为“占位记忆法”（memory placement），并归溯自西末尼德（Simonides）。[27]西末尼德为希腊诗人，他曾利用精确的“占位法”来训练记忆。利玛窦在《记法》书中《明用篇》第二章如此描述：

古西诗伯西末尼德尝与亲友聚饮一室，宾主甚众。忽出户外，其堂随为迅风摧崩，饮者悉压而死，其尸齑粉，家人

> 莫能辨识。西末泥德因忆亲友座次行列，及一一记而别之，因悟记法而创此遗世焉。[28]

“因忆亲友座次行列”就是“占位记忆法”，史景迁称之为“记忆秘宫法”（the memory palace）是有原因的。除了西末尼德的“占位法”外，利玛窦接受的比较详细的记忆训练应该是普林尼(Pliny)的《自然历史》（*Natural History*），茵太林（Quintilian）训练记忆的演讲手册。它们通通都与如何确立记忆场所，怎样安置贮存这些场所内的意象有关。[29]

令人惊异的是，这种记忆贮藏法和20世纪发明的电脑档案资料贮藏，不谋而合。在电脑运作中，我们把不同资料归入不同文件，然后不同文件归入一个或多个档案。利玛窦为中国人发明设计的记忆场所（即史景迁所称的“记忆秘宫”）亦是如此。学习者必须首先替自己选择三种场所（或档案）安放记忆，这三种有实，有虚，有半实半虚，也就是说，它们分别为“实在结构场所”如广宇大第的宫殿、黉宫（学校）、寺观、舍馆等。有大有小，自一所至数百所均可，多多益善；小如一堂一轩，一斋一室亦可，主要是自己熟悉的环境结构。“虚构场所”则全凭心念所假设之虚境，着意想象，让自我规划的境物，罗列如在眼前，再进入心中如临真境。“半实半虚场所”则有如两幢楼屋比居相隔，中间须虚辟门径，以通往来；如楼屋背越，则可虚置阶梯，以便登陟；如屋内堂轩宽敞，则必虚安龛柜坐榻，以用作分区及障蔽。因此，前述的比居楼屋堂轩等物，皆属“实”，而辟门置梯安龛等项皆心念所设而属“虚”。虚实场所确定后，则把要记忆的资料输入脑海——“爰自入门为始，循右而行，如临书然，通前达后，鱼贯鳞次，罗列胸中，以待记顿诸象（意象）也，用多，则广宇千百间，少，则一室可分方隅”。[30]如此重叠楼房，真可谓记忆的神秘宫殿了。

如何能把要记的“诸象”（资料）安放入前述场所？利玛窦利用中文的象形文字本质，发明了“象记法”。他举例假如要记忆“武、要、利、好”四字，然后用“设位法”（即上述之虚实场所，也就是西末尼德的“占位法”），把饮酒宾客逐一定位在不同位置，以便顺序记忆。在心中默置一室，室有四隅，为安顿之所，四角一共四所，即东南、东北、西北、西南四个场所，分别安放“武、要、利、好”四字的意象。

四字意象即是四个生字的记忆图形，利玛窦提议的“武”字图形，是一个勇士戎服、执戈欲斗，而一人扼腕以止之的意象，其实说穿了也就是象形文字“止戈”之意，一旦这图形进入脑海，便把它放在东南隅。“要”字则分拆为“西女”，取西夏回民女子之意象，安顿于东北角。“利”字取农夫执镰刀在田间割禾之象，安放西北隅。“好”字取一丫鬟，手抱一婴孩戏耍之象，合而为“好”字，安放于西南隅。

四字既已分别安顿在四个场所，以后欲记忆，只要默念其室及各隅而寻之——“自得其象，因象而忆其字矣。”

“象记法”用意象来记单字联想，对西方传教士学习汉语以便牢记非常有用，但以整句记忆而言，便需进一步融会整句意旨来“定识”。譬如记忆“学而时习之，不亦说（悦）乎”一句：

> 则以俊秀学童，立观书册，为“学”字。以武士倒提锐钯，象“而”字。以日照寺前，一人望之，象“时”字，或以姓“时”，名“时”之人。以日生两翼，一人骇观，象“习”字，或以姓“习”，名“习”之人。以一人持尺许之木，削断其头，象“不”字。以一人肩横一戈，腰悬两锤，象“夹”字，“夹”篆文即“亦”字也。以傅说筑岩，取“说”（悦）字，或以一人拍手仰面而笑，亦象“说”（悦）字。以一胡人胡服而居，假借“乎”字。以上九字，逐字立象，循其次第，置之九处，此盖一字寄一处之例也。若欲总记数字于一处，则以字象及意象，融化为一，务成自然。[31]

我们随即看出，利氏的“象记”或“定识”记忆方法，均是利用中国文字上形声义的结构，来产生联想，对不懂汉语或汉语为第二语言的人（譬如20世纪美国意象派诗人庞德解构中国文字图形而融入诗歌），意象特别深刻。但如用在本土语言为汉语“先入为主”的中国人而言，究竟有多少残余象形图画留在已经进化的文字上以作联想，实在是一个大疑问。

前面曾述及因为利氏在耶稣会神学院受修辞学的熏陶训练，早已写就了记忆术的稿子，1596年，《西学记法》的中文“译本”终于出版印行，他写信给同学巴丝奥乃伊神父：“我被迫把先前给兄台所写的一册小书译成中文。这册书的原稿我保存着。第一册译本我给了巡抚（按：指陆万垓），为他三位公子用，巡抚很高兴。后来许多别的人也来要，但是都不愿按照去做。”[32]我们因而知道，巴丝奥乃伊神父原来是利氏早期一同合作撰写记忆术的同窗，原稿应为意大利文，但《西学记法》一书的中文本应是原稿的演绎，不是翻译，最有力的证据就是利氏在意大利时尚不谙中文，而《记法》一书内所有示范举例，均以汉语为主，可见利氏做了极大的修订。

即使如此，《记法》一书并未臻达利氏或中国士人的预期效果。利氏把书献给江苏巡抚陆万垓及他的三名儿子，企图向巡抚的三个儿子提供考取科举的最佳记忆方法，一旦高中，巡抚自然会感恩图报，让利氏推展在华教务。而最后陆巡抚的儿子们在科举考试中名列前茅，却并非全靠利氏方法，大部分仍然依赖中国最传统的苦读，反复背诵的记忆实践法，甚至，其中一个儿子向他的好友批评利氏方法说："这些理论确实有助记忆法则，但人们也要具备极其良好的记忆力方能使用。"[33]利氏在写给同窗巴神父的信里，同样也掩不住失望之情而说，许多人都非常欣赏此书而要求阅读，但并非每人均肯学习使用其中的记忆方法。可见在应用方面，仍存有极大疑问。

（四）利玛窦之死带来的意义

1609年，也就是逝世于北京的前一年，年老而身心疲惫的利玛窦，写了两封信回罗马。这是目前保留利氏书信中最后的两封信，透露其在中国传教过程中遭遇的极大挫折。虽然他能留在京城，但仍无法请求皇帝恩准自由传教，更无法以一个外国人的身份面圣恩准"合法"地在京师居住，因此利氏认为"以人的力量求准在中国自由传教一事是不可能的"。而第一批来华的传教士“将成为第一批死在中国的人”[34]。的确，利玛窦为死在中国的耶稣会士第一人，罗明坚比他早三年来华，但因安排罗马教廷与中国皇帝接触事宜而于1588年回罗马，即未再来中国。利氏接掌会务，两年后，即是他逝世的1610年，中国天主教徒有2500人。60年后即清康熙九年（1670），天主教徒达27万人，为天主教入华传教以来之最巅峰期，利玛窦拓荒开垦，功不可没。“我去之后，给你们留下的，是一扇敞开的大门。”这是他临死前对其他会士说的话。明神宗下诏以陪臣礼葬于京城之阜成门外栅栏佛寺。他把一生奉献给天主与中国，而力求在华长居，死后得皇帝赐地安葬，如其所愿，他以自己埋身之所，在中国攻占了一块永远属于他的土地。

但是利玛窦之死，有其非凡的象征意义，一方面我们看到利氏天纵英才，以个人魅力与科技专长，成功开拓出与儒学融为一片的局面，以一个异乡人及异教人来说，是中国前所未见之事。我们甚至看到中国的饱学之士，如徐光启、李之藻、杨廷筠等人，从学习科学常识发展到学习宗教知识，终而改教领洗，在知识分子阶层掀起极大的冲击，利氏有生之日，未尝转弱。

但当我们分析基督文明入华策略之成就，如历算、舆地、儒化教义等时，我们亦应同时检讨其弱点与失败之处。利氏初入华，人孤势单，结纳豪门官绅以自保，更借上层社会的精英文化和西欧文化互相接触激荡，是其真知灼见，但未能深入民间，也是局限。而最大冲突是排斥佛教，未能有如宋明新儒，把佛道吸收结合，这点局限更成为一种难题症结，一直未能化解，成为隐忧。在文化的对抗与容纳之间，利玛窦的基本观念显然是采纳后者。固然，儒家宗教色彩远较佛教稀淡，尤其远鬼神、尊天敬祖的信仰，远较佛教更能为天主教教义所接受。即使如此，利氏也是花了九牛二虎之力，才让罗马教廷释疑于中国宗族社会制度下的礼仪与祭祀仪式，因此家族意义远大于宗教意义。甚至祭孔，也因为四书的西译，而让教廷缓颊于宗教监督。换句话说，上面两种因素的互动——认同中国习俗及罗马教廷的教理宽容——使利氏在个人魅力之余，获取了传教的高度发展空间与成就。同样，利氏逝世后，这些因素未能贯彻落实（本来在群儒中，就未能随心所欲地无往而不利，相反，只有少数知识分子皈依发扬），致成清朝康雍时期的禁教阻断及没落，此是后话。

利氏生前在华与佛教之争，除了基本教义以外，弊在求其相异，而非求其相同。结果是往往流向名相之辨，而远离中西文明（西方以基督文明，中方以儒释道三教文化为代表）的互动目标。更者，求其相同，并非求其相等。中国佛教自汉魏入华，唐宋而大盛，除了玄奘取经译经，带来另一股外来文化的冲击洪流以外，禅宗的突起，亦是极力打破虚妄名相，有如耶稣基督在《新约》内层出不穷的比喻。《约翰福音》第三章内载耶稣说：

> 我实实在在地告诉你，人若不是从水和圣灵生的，就不能进神的国。从肉身生的，就是肉身，从灵生的，就是灵。我说，你们必须重生，你不要以为稀奇。风随着意思吹，你听见风的响声，却不晓得从哪里来，往哪里去，凡从圣灵生的也是如此……我实实在在地告诉你，我们所说的，是我们知道的，我们所见证的，是我们见过的，你们却不领受我们

的见证。我对你们说地上的事，你们尚且不信，若说天上的事，如何能信呢？

耶稣以人间语言“实实在在”的苦口婆心想告诉世人天上的事，犹如“风的响声”，只可意会，未可言传。其与《庄子》《齐物论》之“天籁”，如出一辙。南郭子綦倚案而坐，忘我而出神，他的弟子子游问他如何能够臻达此种圣灵的超越自我境界？子綦告诉他以声（申义可解作语言表达）而言，有人为吹动乐器（箫）的声音叫“人籁”，大地的一切孔穴，能够让风吹过时发出声音（申义可解作肉身或其他形体），叫作“地籁”，至于天籁，则是各物因其自己的形体状态感到触动（譬如“风”）而鸣响。至于风的本身，虽然“其名为风”，但“是唯无作”，静息时好像觉得它并不存在，但肉体有限的不觉得，并不等于肉体以外（譬如灵性）种种的不存在。就像耶稣说的“风的响声，却不晓得从哪里来，往哪里去”。庄子亦是这样说的：“夫大块噫气，其名为风，是唯无作，作则万窍怒号，而独不闻之寥寥乎？”[35]“大块”，就是大地，也可申义作“地上的事”，我们经常听到大地的吐气，尤其是怒吼的狂风，但并不等于寥寥无闻之中，风就不存在。相反，许多人在科学见证中，必须看见、听到或理解了才相信，如此若说这些以外“天上的事”，又如何能信呢？庄子同样指出：“夫言非吹也，言者有言，其所言者，特未定也。”[36]也就是说，语言的发音和风吹的声音并非相同。风的响声，是自然（有神论者神的境界）而然，忘我出神的无心动作；人的语言，必须有了要说的意思（言其所言），才发而为声，即使如此，也是“有心”

的动作，而人各有私心，所以发出声音亦不足为定准（“特未定也”）。

由此看出，利氏在传教华化的过程里，放弃了学习或疏忽于释道的异同。更反讽的是，他以科学的论证，譬如历算、舆地、数学，甚至修辞学的记忆术去获得知识分子的信任与信心，而未在形而上学上取得谅解与认同。

利玛窦本人原著的《中国札记》（或译为《中国传教史》）或后人著述的传记都有述及利氏往访韶关六祖慧能驻锡的南华寺，其中谒见六祖真身过程颇有出入。[37]六祖金身之事，天主教亦不乏见，只是处理稍有不同。最明显的例子是圣方济各·沙勿略（Francis Xavier，另有译为圣沙威·方济），他是第一位以身作则想入华传教的，结果壮志未酬。利氏本人在他撰写的《中国札记》内亦有记述：“他（圣方济各·沙勿略）最后的祈祷是为了中国的归主，死后所显的奇迹，他的躯体埋在生石灰中而不腐败，尸体在运返果阿途中所显的奇迹，我们在这里不一一赘述。”[38]天主教所谓圣物（relics），即包括圣徒遗物、遗骸等物，有如佛教称为圣物的真身或舍利。只是信仰不同，因而形相各异。

唯有超越形相或偶像崇拜之争，才能找到彼此灵性的融汇。本章第一节内就曾述及利氏往访南华寺未有参拜佛像之事，利氏本人在日记中亦有述及他对知府及寺僧说的话——“我们不朝拜偶像，只朝拜天地之真神”。[39]而“知州亦同意利神父的看法，那就是古代中国人并不崇拜偶像，崇拜偶像是晚期由外国传进来的。听到这里，大师兄（按：指寺僧）不但没有反对而且补充了几句来解释说，这种偶像并不值得朝拜，但是古代的贤者，认为宗教没有肖像之类的东西是难以保存的，因此才有偶像之产生”。[40]

超越形相崇拜的方式其实是互通的，《金刚经》内佛祖反复申述所有形相（我、人、众、寿四相）皆是虚妄，若菩萨有此四相，即非菩萨。即使如来法身，也是非相，绝不能以偶像代替：

> 若以色见我，以音声求我，是人行邪道，不能见如来。[41]

所谓如来，亦如风的响声，不知从哪里来，往哪里去：

> 须菩提！若有人言：“如来若来，若去，若坐，若卧。”是人不能解我说义。何以故？
>
> 如来者，无所从来，亦无所去，故名如来。[42]

六祖慧能自来韶州后，刺史韦璩等人喜好佛法，时相请益，奠下《坛经》开讲的机缘。然而韦刺史及许多信众心中想的常常是礼佛之余，聚积了多少功德，或是西天极乐世界究竟离世间有多远。一天，六祖给他们说：“慧能与诸人移西方于刹那间，目前便见，各愿见否？”众人皆大喜过望，若能此生得见西方佛土，而不需往生才见，真是何乐而不为？于是，慧能说了下面一番话：

> 大众！世人自色身是城，眼、耳、鼻、舌是门，外有五门，内有意门。心是地，性是王。王居心地上，性在王在，性去王无。

性在身心存，性去身心坏。佛向性中作，莫向身外求。自性迷即是众生，自性觉即是佛。慈悲即是观音，喜舍名为势至，能净即释迦，平直即弥陀。人我是须弥，邪心是海水，烦恼是波浪。毒害是恶龙，虚妄是鬼神，尘劳是鱼鳖。贪嗔是地狱，愚痴是畜生。[43]

色身是城，勤加修炼，无异天堂，内外明澈，亦即西方极乐。保罗在《哥林多前书》第12章内论门徒属于基督，犹如四肢五官属于身体一样，圣保罗是这样说的：

就如身子是一个，却有许多肢体，而肢体虽多，仍是一个身子。基督也是这样，我们不拘是犹太人，是希利尼人，是为奴的，是自主的，都从一位圣灵受洗，成为一个身体，饮于一位圣灵。身子原不是一个肢体，乃是许多肢体。设若脚说，我不是手，所以不属乎身子，它不能因此就不属乎身子。设若耳说，我不是眼，所以不属乎身子，它也不能因此就不属乎身子。若全身是眼，从哪里听声呢？若全身是耳，从哪里闻味呢？……神配搭这身子，把加倍的体面给那缺欠的肢体，免得身上分门别类，总要肢体彼此相顾。若一个肢体受苦，所有的肢体就一同受苦，若一个肢体得荣耀，所有的肢体就一同快乐。你们就是基督的身子，并且各自作肢体。[44]

西谚有云“身体乃灵魂之牢笼”（the body is the dungeon of the soul），此乃形神两分，陶潜有《形影神》诗，纵谈其中关系之妙，更强烈显示“神”或灵魂的常存——“纵浪大化中，不喜亦不惧”[45]。这个形神关系密切的“整体论”在中国道家的论说中是极其明显的，尤其是庄子；庄周与蝶、庖丁解牛，物化的变幻与道的全面（整体）了解，只可神遇与意会，不可目视与言传。禅宗的“性在身心存，性去身心坏”，或是基督教教义的灵体，虽显耀在不同的四肢五官，却互相组成配合而成一个躯体不可分割，有如种子长成麦穗一样。

超越肉身，超越语言，甚至超越人世有限的所知，都是圣保罗经常的教训；有如庄子素不相信语言知识，在《养生主》内说：“吾生也有涯，而知也无涯，以有涯逐无涯，殆已！”[46]或是得意忘言，得鱼忘筌。保罗也曾这样说：“先知讲道之能终必归于无有，说方言之能，终必停止，知识也终必归于无有。我们现在所知道的有限，先知所讲的也有限，等那完全的来到，这有限的必归于无有了。”[47]这种超越，就是他常说“方言”（tongues）与“预言”（prophecies）的分别。

由此可知，基督教教义与儒释道三教教义的相通之处，并非没有，然而利氏等人附儒辟佛，并与明末四大名僧——京师的达观、憨山，杭州的莲池及南京的三淮，互相诟病（利氏在《天主实义》一书中曾大量批判佛教），引发众怒。[48]这种因教义坚持而产生的排他性，引起尖锐的矛盾与反击，甚至导致儒释联手（宋明理学早已互相包容），应是利氏无法想象的遗憾。

还需补充的是，利氏生前在华附儒补儒的策略，由于同样对基本天主教教义的坚执，亦未能一厢情愿地落实贯彻于后世。譬如反教甚烈的士人黄贞（自称“去惑居士”）与艾儒略（Jules

Aleni）就有以下一段非常有趣的讨论，此事牵涉中国传统文化的两大主题——尊圣与祭祀：

贞诘问之曰："文王后妃众多，此事如何？"艾氏沉吟甚久不答。第二日，贞又问，又沉吟不答。第三日贞又问曰："此事要讲议明白，立千古之大案，方能令人了解皈依无疑。"艾氏又沉吟甚久，徐曰："本不欲说，如今我亦说。"又沉吟甚久，徐曰："对老兄说，别人面前我亦不说，文王亦怕入地狱去了。"又徐转其语曰："论理不论人，恐文王后来痛悔，则亦论不得矣。"[49]

艾神父辗转犹豫，痛苦万分而下的结论，实在反映出基督文明入华策略中最大的弱点与矛盾——教义的坚持与中华文化传统的抵触。无论利玛窦生前如何妥协附会，甚至尊文王为圣进入天堂，死后仍因种种礼仪（尤其祀念祖先的祭礼）及其他伦常问题，落入"用夷变夏"之讥，甚至禁教。一直到"洋务运动"的开展以及新教（基督教）在华普及政策的推动，方才展开西方文明在华的另一个崭新局面。

注 释

［1］罗光．利玛窦传．台湾：学生书局．1983：30。此项资料乃来自耶稣会考据学者德礼贤神父（Pasquale M.d'Elia）于1942—1949年（为利玛窦及金尼阁（Nicolas Trigault）所写的《中国札记》）添注而成之《利

学资料》（*Fonti Ricciane*）。

［2］同［1］，第 47 页。

［3］利玛窦 . 利玛窦书信集（上）. 罗渔，译 // 利玛窦 . 利玛窦全集 . 台北：辅仁大学及光启出版社联合出版 .1986：62。

［4］同［1］，第 60 页。

［5］同［1］，第 60~61 页。

［6］同［3］，第 93~95 页。

［7］方豪 . 中西交通史（下）. 台湾：中国文化大学出版部，1983：988。

［8］同［7］，第 982 页。

［9］同［7］，第 1042 页。书中同页并引康熙五十九年（1720）十一月十八日，圣祖谕西洋人曰："因自多罗来时，误听教下阎当，不通文理，妄诞议论。若本人略通中国文章道理，亦为可恕，伊不但不知文理，即目不识丁，如何轻论中国道理之是非。"（《康熙与罗马使节关系文书》影印本），多罗为教廷特使，后为康熙怒逐出境。

［10］同［7］，第 988 页。

［11］同［7］，第 988 页。

［12］同［7］，第 988 页。

［13］顾卫民 . 基督教与近代中国社会 . 上海：上海人民出版社，1996：46。

［14］同［13］，第 47 页。此乃转引自弗茨帕特里克《中国礼仪之争——中国社会和天主教制度的比较研究》，载自《世界宗教研究》，1989（4）。

［15］同［3］，第 30 页。

[16] 史景迁（Jonathan Spence）.*The Memory Palaceof Matteo Ricci*. Penguin,New York,1985。

[17] 同 [3]，第 33~34 页。

[18] 同 [3]，第 69 页。

[19] 同 [3]，第 52 页。有关西方传教士来华后之汉语程度，利玛窦可谓佼佼者，第一批来华传教士亦不弱，唯入清以后则每况愈下，在此试引述一名外国传教士晁俊秀（Francois Bourgeois）神父给巴黎某夫人的信（1769 年 10 月 15 日于北京），内里除了抱怨汉语难学，和他熟悉的西方语言都不相同外，还有下面一段："对于一个欧洲人来说，汉语的发音尤其困难，永远是个障碍，简直是不可逾越的障碍。首先，每一个字有五个不同的声调，不要以为每个声调都是清晰可辨的。这些单音节在耳边一晃而过，好像就怕被人抓住似的……我在公开布道前，先对我的仆人至少练了五十遍。我让他听不懂就要我重复，我得不厌其烦地一遍又一遍重复。他就像我的中国听众一样，只听懂十分之三。还好，中国人很有耐心，他们很惊奇，一个可怜的外国人竟会说两句他们的话。"见朱静编译《洋教士看中国朝廷》（上海人民出版社 1995 年版）。贾植芳在上书《序》中指出，以西方耶稣会来华传教史观点来看，16 世纪利玛窦东来为第一个历史时期。利逝世后，则以清康熙、雍正、乾隆三朝间（17 世纪—18 世纪），法国教会和国王路易十四选派来华之耶稣会教士为第二历史时期。

[20] 同 [1]，第 70 页。

[21]熊月之.西学东渐与晚清社会(第2版).上海:上海人民出版社，1995:33// 费赖之（Louis Pfister）.入华耶稣会士列传.冯承钧，译.台北:台湾商务印书馆，1970:46。上书后由荣振华(Joseph Deherge)增补为《在

华耶稣会士列传及书目补编》（两册）（耿升译．中华书局 1995 年版）。该书后附《耶稣会士教名（圣名）译名对照表》，分别列出会士名字在法文、葡文、西文、意文、英文、德文、汉文内之不同拼法，非常有用于参考对照。

［22］同［21］，第 33 页。

［23］同［3］，第 208~211 页。

［24］同［3］，第 163 页。史景迁一书见注［16］，第 138~139 页，亦有引用，我糅合两个中译版本，并参考史书的英译书信，而成此信。

［25］同［3］，第 243 页。

［26］利玛窦．西国记法 // 天主教东传文献（梵蒂冈图书馆藏本影印）．台湾：学生书局 .1965。该书并无完整英译本，唯史景迁一书（见注［16］）自 1984 年在英美出版迄今，为《西国记法》目前最详细的介绍。有关利氏专著，目前最标准的校勘版本为朱维铮主编的《利玛窦中文著译集》，内收利氏著作 17 种，香港城市大学出版社 2001 年版。

［27］［29］同［16］，第 5 页。

［28］同［26］，第 17~18 页。

［30］同［26］，第 22 页。

［31］同［26］，第 46~47 页。

［32］这封信有两种译文，我用罗光《利玛窦传》内之译信，第 83 页。另一为《书信集》，第 242 页。

［33］同［16］，第 4 页。

［34］同［3］，第 409 页。

［35］［36］庄子．齐物论。

［37］《利玛窦书信集》内云：“也指出何处有六祖的遗体，因为

已知道我们吃了鱼,我们不可以进去参观的,只有守斋的人方许进去……”（第 93 页）《中国传教史》内则载：“寺庙的管理员也把六祖的尸体让利神父他们看。它是用发光的沥青包裹着，这种药物只有中国人知道。”（第 198 页）

[38]《中国传教史》，第 109 页。

[39] 同 [38]，第 198 页。

[40] 同 [38]，第 199 页。

[41] 金刚经 . 台湾：三民书局，1997：121。

[42] 同 [41]，第 127 页。佛家寂灭无住的境界，所谓“如来”，就是无所来而来，无所去而去。如有人执着于现象的来、去、坐、卧，就是执迷于形相表面之别。

[43] 六祖坛经 . 台湾: 三民书局, 1997: 78。色身是肉身, 如一座城。五门指眼、耳、鼻、舌、身，加上意识一门（内门），共六门，也即六根。心如土地，自性如城中君王。人若迷惑了本性，他就是世俗众生，若自性觉悟，就是佛。

[44] 圣经 . 香港联合圣经公会。

[45] 陶潜《形影神三首并序》有云：“贵贱贤愚，莫不营营以惜生，斯甚惑焉。故极陈形影之苦,言神辨自然以释之,好事君子,共取其心焉。”见《陶渊明诗笺注》，丁福保撰，台北艺文印书馆，1969：41~45。

[46] 同 [35]。意思就是说, 生命有限, 知识无限, 以有限追逐无限,真是徒劳无功的事情。

[47] 保罗 . 哥林多前书（第 13 章）。见注 [44]，第 242 页。

[48] 孙尚扬 . 明末天主教与儒学的交流和冲突 . 台湾：台北文津出版社，1992：222。“利玛窦与虞淳熙（浙江著名文人，好佛）的来往

书信彼此较少‘胜气’（利玛窦语），但明末四大名僧之一的袾宏在阅读他们的书信后，仍怒火甚炽，在复虞淳熙书信中咒骂利玛窦‘蠢尔妖魔’，以利玛窦的长篇大论为‘渔歌牧唱，蚊喧蛙叫’。”

［49］同［48］，第229页。杨廷筠、李之藻已纳妾而被拒领洗入教为最明显例子，最后杨、李弃妾而就范。另外中国文化传统的原本性善与日后陷溺于基督教教义中失乐园的原罪及借圣子降世之力作救赎大相径庭，有关文王后妃之事更为诡谲，是盖文王为圣人，亦要相随天主教教义落地狱，实难为中国士人所接受。刘述先在《由中国哲学的观点看耶教的信息》一文中指出：“中国传统注重内心的修养，这是一种自力救赎的道路，与耶教之依赖耶稣基督以及上帝的信仰那种他力救赎的道路恰恰相反，这显然是根源于两个传统对于人性的了解之不同所致。”见深圳大学国学研究所主编《中国文化与中国哲学》（第二版），东方出版社1987年版。

三、附会以教化
——《伊索寓言》中译始末

（一）基督文明与华夏文明的对抗与调适

基督文明入华自1600到1800的两百余年，沛然不可抵挡，史家有称之为“天主教世纪”（Catholic centuries）者。[1]隐藏在传教背后的，却与自15世纪便已鼎盛于海上霸权国家的葡萄牙及西班牙有莫大关系。尤其葡萄牙自航海家麦哲伦（F. Magellan）及达伽马（Vasco da Gama）相继开拓海上航道，这两个天主教国家便以殖民、贸易、传教为目标进入亚洲版图。

基督文明与华夏文明的对抗与调适，却是一项有趣的课题。西方自中世纪以后两大圣哲奥古斯汀（St. Augustine）与圣多玛斯（St. Thomas Aquinas）对哲理神学的诠释，取代及继承古希腊罗马文明固毋庸置疑，但入华传教士的最大挑战，竟是另一种与西方文明传统毫无关联，同时比基督降生还早存在的古代精粹文明。他们在学习与比较之余，经常发觉这东方文明体系，许多地方竟犹胜西方！

这也就解释了明末开始入华的耶稣会教士，纷纷成为汉学家的吊诡。他们在研读东方文献（儒学自是主流）之余，其效应竟同时成为一边是有意识的教育，另一边却是潜意识的被教育。容或教义与中国传统伦理有所抵触，然日久之余，却由于知识累积影响，纷纷成为身体力行的汉学家。早期耶稣会利玛窦翻译《四书》固是一例。入清之后，备受争议的道明会西班牙传教士闵明我（Domingo Fernandez Navarrete，1619—1686）又是另一例。他出身比较保守的道明教派（Dominican Order），在中国礼仪习俗方面却极力尊重当地风俗习惯，虽然他不认同耶稣会士以中国古儒作理论基础，却全面认同东方文化礼仪，认为其比欧洲的高尚儒雅。早年来华之三大教派，除耶稣会和道明会，还有方济各会（Franciscans），然而彼此互相倾轧，加上耶稣会内部矛盾，尤其在中国礼仪习俗认同上各异，亦是基督文明入华后期挫败的潜因之一。方豪在《中西交通史》内有一段痛心疾首之论，读之颇有家门不幸之感。他是这样说的：

> 明末清初，在我国内地传教最有成就者为天主教耶稣会，对中国文化最有研究，以中国思想介绍于西方，最努力者亦耶稣会士。然在耶稣会士之先，多明我会士（Dominicani）与方济各会士（Franciscani）已先在闽、粤沿海各地，企图潜入内地。
>
> 若辈之研究学术与传教成绩，虽不及耶稣会，然在教会内部一大争执上，乃在罗马教廷获得胜利。耶稣会之所以失败，其原因实由于自身分裂。此一历时百余年之教会龃龉，直接与我社会习俗有关。
>
> 不幸事件发生之经过，现存欧洲意、西、法、梵蒂冈各

图书馆与档案馆文件，汗牛充栋，专门著述，亦不可胜数。[2]

“然在教会内部一大争执上，乃在罗马教廷获得胜利”短短两句，触目惊心。方豪更继而指出：

> 耶稣会与多明我会，在教会神学上，原有异见；耶稣会神学家侧重于人之自由意志，多明我会不然；以此为出发点，双方时有冲突……上述两会会士中（作者按：指多明我会及方济各会），亦绝少研读我国古籍，对我国儒家思想，自更不能与利玛窦等耶稣会士有同样了解。[3]

本文前述西班牙传教士闵明我之受争议处，正是如此。闵氏于 1658 年往澳门船中认识耶稣会士卫匡国（Martino Martini），得悉中国礼仪，并极感兴趣。居住广州六年间（1658—1664），致力于地方习俗及风采等研究。道明会传教重点本不在广州，而在福建、山东等地。[4]闵氏后因教案逃脱回欧，潜力著作，除报道中国文库典藏外，更利用早期广东传教经历，著有《广府风采录》（*Tratado Firmado en Canton,1666*）一书。但闵氏最受争议的是 1676 年出版的三十万字巨著《中国历史政治宗教概论》（*Tratados*）及《论战》（*Controversias*）两书。此两书于 1774 年有英语节译本。学者指出，《中国历史政治宗教概论》一书分七部分，“介绍中国之位置、物产、士、农、工、商和政府、礼仪、庆典、孔子学说及孔门弟子、中国古书及造成礼仪之争的原因。此外有一部分游记，是记载由墨西哥至澳门、闽、浙、江苏、北京之间的旅行经过的”。[5]《论战》一书讨论的是礼仪问题，亦即基督降生以前的中国文化体系所衍生的礼仪供奉，如何调适入基督教教义的演绎。

上述两书堪可代表整个礼仪问题（question of rites）的错综争执，我们不欲进入宗教史研究细节，却发觉由于文化与哲学演绎角度不同，甚至教派本身的实践行为差异，都会造成耶稣会内部矛盾及与道明会争执。譬如上述闵氏著作所采取的态度，却与耶稣会相左，认为耶稣会士追随古儒唯心论据是错误的。中国的礼仪习俗自有其规范楷模，值得学习尊崇，并不需要与宋明理学的纲常伦理相抗。闵氏的这种矛盾看法，正是本文开首时指出的“去教育”以及“被教育”的吊诡。

但是在我看来，其最大弊病乃在于教廷政策（或教皇）的隔阂与举棋不定。方豪教授是方外人，自不欲明言，仅广泛指出耶稣会自身分裂及其他教派在教廷获得胜利，造成基督文明入华挫败，甚至入清后遭受禁教。其实，利玛窦高瞻远瞩，早已认为解决中国古代文明与基督文明矛盾的最好策略，就是通过联想而认同。他不辞艰苦，以“Deus”之“天帝”附会为“天”，正是单刀直入，直指解决根源。[6]也就说尽管基督尚未降世，而中国人敬天祭祖之礼仪，与教义互不相悖，因为敬的乃是同一之天。由此推衍，尽管普天之下，皆为上帝之亲爱兄弟姊妹，无法凌驾于后期“变质”宋明理学妥协的纲理伦常，然而国族敬天之诚、家族祭祖之情，足以超越任何宗教演绎。利玛窦在《中国传教史》内第十章有以下一段：

> 从皇帝到平民，儒教最隆重的事，是在每年的某些季节，给逝去的祖先献供，有肉，有水果，焚香及丝布，穷人则以纸代替丝布。他们认为这是尽孝道，所谓“事死如事生，事亡如事存，孝之致也”（《中庸》第十九章）。他们并非认为死人会来吃上述东西，或需要那些东西。他们说是因为他们不知道有什么别的方法，来表示对祖先的爱情及感恩之情。有些人曾对我们说，订立这些礼法主要是为活着的人，而非为死人；即是说，那是为了教导子孙和无知的人孝敬仍然在世的父母。看到有地位的人，事奉过世的仍像在世的，自然是一种教训。无论如何，他们并不想逝去的人是神，不向他们祈求什么，祝望什么，与偶像崇拜无关，或许也能说那不是迷信，虽然最好在成为基督徒后，把这份孝心，改为对穷人的施舍，以助亡者之灵。[7]

我不厌其烦抄录上面一段，主要是希望阅读者能细读而体会利氏苦口婆心的真意。利玛窦的《中国传教史》本身便是利氏平日随手写下的备忘录，虽是断鸿零雁，却是直抒心声，了无虚假。待他晚年整理这些资料，更开章明义在第一章《写此书之动机及进行方式》内坦率指出：“所以为记述这些事迹，不必用华丽的文词。直率的叙述更受虔诚人之欢迎和喜爱。”[8]

利氏在上文中的观点简洁明了，他认为祭拜“死去”的先祖，是“活着”的后人之事，慎终而追远，具有现世教育意义，与偶像崇拜无关。此亦是真话，儒家祭祖，着重一种心路仪式，而非宗教（或迷信）仪式。

可惜罗马教廷非但没有了解其中真意，更在清初之际颁布“禁约”，禁止中国教徒参加各种礼仪习俗，譬如春秋二祭及入孔庙及家族祠堂行礼，亦不许留置家族神主牌位在家。此类愚昧的“东方主义”（Orientalism）观点，利氏本人在世时与所谓圣教三柱石的徐光启、李之藻、杨廷筠等人竭力缓冲，尚可自保于一时。一旦利氏逝世，耶稣会龙华民等当权，看法尽异，其后果便不堪设想了。其实顺治逝世，权倾一时的鳌拜本来就对西洋异族敌视如仇，汤若望（Adam Schall）一度入狱，其中礼仪问题均是导火线之一。正值康熙对西方科学具有浓厚兴趣，并亟思利用传教士专业语言及科技知识，本可扭转局势，而教皇偏不识趣，继而再三谕派使节来华宣颁禁约教谕，而终致禁教命运。这种唯我独尊的高姿态神权威制，与利玛窦本人在华传教竭力轻描淡写（downplay）两大文明的差异，恰成正比。

基督文明由于与儒家传统意识形态相左，联想附会遂成为另一种基督文明入华的策略。因为中国观念贵古贱今，除了利玛窦附会古儒之外，明熹宗天启五年（1625）于西安附近出土的大秦景教碑，便成为另一种可突破的手段。北京的耶稣会派出金尼阁（Nicholas Trigault）前往抄录，并将碑文译成拉丁文，寄回罗马教廷。后有各类翻译及诠释，其用意无非在证明基督教传入明代中国绝非近事，可远溯到有唐一代。

此亦为绝无仅有之怪现象，因为熟悉神学的人都知道来自叙利亚的聂斯托教派（Nestorian，唐称“景教”）的波斯文明由于对“三位一体”教义提出异议，并过分强调基督肉体的人性，431 年天主教派在以弗所（Ephesus）召开的世界基督徒大会中，严厉谴责其首脑——当时出任君士坦丁堡大主教的聂斯托利（Nestorius），并将之革职流放，逐出教会。聂因而出奔波斯，其门徒更往东迁移，造就了基督文明转入东方，尤其是印度及中国，成为最原始的开路先锋。碑文指出，唐贞观九年（635），大秦国（波斯）景教大德（即主教）阿罗本（Olopen）抵京都长安，唐太宗派宰相房玄龄迎于西郊，入宫问道并留下翻译经文。贞观十二年（638），太宗下诏称此教有益世道人心，宜行天下，朝廷于义宁坊营建一座大秦寺，内住21位教士。立碑勒文之前，景教在华已有一百多年历史。虽然无法和释道二教相比，但其亦影响深远，直达宋元，遍及新疆、蒙古诸地。

景教碑文的出土，对耶稣会士犹如一服强心剂，主要是碑文内容，无任何与基督教教义相悖之处，并且完整包括天主自有、三位一体、创造宇宙、先造万物、后造原祖、救世主弥赛亚、童贞圣母诞生圣子耶稣、天使欢歌、普天同庆、救赎、人性本善、魔鬼诱人等基本教义。[9]这简直就是一本完整的要理问答简本，耶稣会诸士又如何会轻易放过！

李之藻编纂的《天学初函》内有《唐景教碑附》一卷，在其本人的《读景教碑书后》一文中，即含有强烈的附会意图。他说：

> 庐居灵竺间，[10]岐阳同志张赓虞惠寄唐碑一幅曰：迩者长安中掘地所得，名曰“景教流行中国颂”。此教未之前闻，其即利西泰氏所传天学乎？余读之良然。所云先先无元，后后妙有。开天地、匠万物。立初人众圣，元尊真主，非天主上帝，畴能当此……

三十余载以来，我中土士绅见习闻于西贤之道行，谁不叹异而敬礼之。然而疑信相参，诧为新说者，亦繁有焉。讵知九百九十年前，此教流行已久，虽世代之废兴不一，乃帝天之景命无渝，是佑诸贤，间关无限，更留贞石。[11]

李之藻的“其即利西泰氏所传天学乎？”意思就是说：友人寄来之景碑拓文内容，即是利玛窦西传的天主要理，目前这种教义，中华士绅疑信参半，认为“新说”未必足信，其实景碑就是最好见证，天主教教义实“旧学”也，990 年前已流传中土。

（二）东西文化哲学之糅合

早在大秦景教碑文发现前，利玛窦及其他耶稣会士便着力于引进科技以外的欧洲文化哲学，以期与中国文化哲学平分秋色，甚至经常把希腊罗马文哲典故糅合在教义里，使文学功能转化为宗教功能。早期显著例子有利玛窦的《交友论》（1595）及卫匡国（Martin Martini）的《逑友篇》（1647）。这两本著作都大量引用希腊、拉丁典籍，尤其是西塞罗（Cicero）的《交友论》（De *Amicitia*）。由于利玛窦将大量隽句格言译成中文，援引在其文章里，我们甚至可以说这是中国最早的西方文学译介。

更明显的例子是利玛窦的《畸人十篇》，出版于万历三十六年（1608）。那是利玛窦与十个中国儒士谈哲论道的谈话记录，这些人包括徐光启、李之藻等。所谓“畸人”，李之藻在《刻畸人十篇》前序中有云：

乃西泰子近著书十篇，与《天主实义》相辅行世者，顾自命曰畸人。其言关切人道，大约淡泊以明志，行德以俟命，谨言苦志以禔身，绝欲广爱以通乎天载。虽强半先圣贤所已言，而警喻博证，令人读之而迷者豁、贪者醒、傲者愧、妒者平、悍者悌。至于常念死候，引善防恶，以祈宥于帝天，一唱三叹，尤为砭世至论，何畸之与有？[12]

又据罗光《利玛窦传》内简介上书时指出，《畸人十篇》是同朋友的谈道册。第一篇利子和吏部尚书李载谈人生的时间宝贵；第二篇利子和大宗伯冯琦谈人生为侨寓，本家在天；第三篇利子和文渊阁大学士徐光启谈不宜讳死；第四篇利徐继续谈人该预备善终；第五篇利子和御史曹于汴谈慎言，“君子希言，而欲无言”；第六篇利子和李之藻谈斋戒；第七篇利子和吏部吴左海谈自省；第八篇利子和明贤谈身后善恶赏罚；第九篇利子在南雄和郭某谈算命的狂妄；第十篇利子在南昌和某人谈富人不如贫人的安乐。[13]

由此可知，利玛窦之入华策略，除了天文历算、地舆图绘以外，他的天儒合一观念，仍然是投中国群儒之所好及其关心的事物。那是什么呢？除了国家大事以外，自然就是个人生死了。在这十篇有如希腊哲者的谈话录里，开首四篇，全部是论时间与生死。其实徐光启与利玛窦1600年相识于南京，当时徐仅为举人晋京赴礼部会试，会面之际未及细谈。一直要等到1604年徐考取进士，钦点翰林后在京述职，才能与利相聚请益，但其中又因丁父忧回籍守制一年，所以他和利玛窦在北京相处的时间只有三年。二人在京时，徐光启几乎每天都去看利玛窦，除了一同翻译《几何原本》

外，其他时间均放在教义的讨教与解惑上，自然不离生死话题。如此密切的三年交往，也就等于常人的三十年了。

贪生忌死，人之常情，中国士人尤耿耿于怀，不能自解其所缚。《畸人十篇》首篇即借利子与太宰李载对话，点出“人寿既过，误犹为有”的题旨。李太宰问利玛窦年龄，利回答曰：

> “已无五旬矣。”太宰曰：“意贵教以有为无耶？”余曰：“否也，是年数者往矣。窦不识今何在，故不敢云今有尔。”太宰疑之，余继而曰：“有人于此获粟五十斛、得金五十镒，藏之在其廪橐若中，则可出而用之，资给任意，斯谓之有已，已空廪橐，费之犹有乎？夫年以月，月以日累结之。吾生世一日，日轮既入地，则年与月与吾寿悉减一日也。月至晦，年至冬，亦如是，吾斯无日无年焉。身日长而命日消矣，年岁已过，云有谬耶？云无谬耶？”太宰惺（醒）余先答之意，大悦曰：“然岁既逝，诚不可谓有欤。”[14]

这也就是利玛窦聪敏过人之处，明明众人以益寿为福祉，他却以减寿来作计算年龄的标准，也就是庄子所谓“生有涯”之意。[15]这种计算方法倒有点像今日科技操作以求精密的“倒数计时”（countdown），以零为最终元素，无可再增，亦无可再减。利氏之意，亦是如此，年寿之增长，其实是生命时间的递减，世人偏偏不悟，均以年岁多少即寿有多少，其实应该是生命趋向零点的过程中，损寿多少。而利氏犹恐太宰不悟，进而设喻，以粟五十斛、金五十镒为譬喻。廪，粮仓也。橐，囊或箱也，均为盛物之器。一旦橐尽廪空，又如何云有？生命所拥有的全部时间亦是如此，我们每日挥霍，均是削减，又如何云增加？“身日长而命日消矣”正是利子给世人的当头棒喝，一理既清，众理皆明。而利玛窦学识渊博，以譬喻反复辨证，正是李之藻在前面序中说过的，利氏譬喻虽非己出，强半是西方圣哲所言，然“警喻博证，令人读之而迷者豁、贪者醒”。

由于拉丁文为教士袭用语言，无论弥撒经文及经典阅读，均自拉丁文入手，利氏熟稔之古希腊罗马哲学文化，固是在神学院之必修课程，然而从中撷采精华，用在中国教化，并以寓言的巧妙应用，更有神来之笔，放诸四海而皆准。因为一旦有宇宙共性的动物寓言出现在文本里，无形中便超越国籍与国界的鸿沟，世间断无西班牙狮子与中国狐狸之别。李奭学在《希腊寓言与明末天主教东传初探》一文中，渊博指证分辨出利氏经常采用的譬喻，史事与寓言均兼而有之：

> 前者从亚历山大大帝辞世后的哀荣（卷上页廿四甲乙）到柏拉图《答辩辞三篇》（*Apology*）所托“束格剌得”（Socrates）事迹皆有之（卷上页卅四甲乙），后者包罗更广，可谓博采上古各家之说。举例言之：第五篇“君子希言而欲无言”便可能用到希罗多德（Herodotus）和早期罗马学者希吉那士（Hyginus）《寓言书》（*Fabulae*）中，共同提到的某些古希腊寓言，以回答大明御史曹于汴所提圣人应否“慎言”的问题。[16]

李氏除在上文指出利玛窦在《畸人》第五篇内引用的希腊寓言为米达斯（Midas）王生长出驴耳朵故事外，更认为倘若不计前面所述大秦景教徒入唐后所译之《圣经》经文圣诗："这则寓言可能是见诸汉籍的第一个完整西洋文学的情节……从肇庆时代开始，利氏行止所之，除自鸣钟与圣像等器物外，西方基本典籍均未尝离身，而且随着时光荏苒，还有增多之势。他所述的米达斯故事情节完整，手头或有相关书籍可供参考亦未可知。"[17]此论不只合情合理，更让西学东传的研究另创新天地。

因为李奭学的感觉是，这些西方作品来源纷纭复杂，极难一一精确指出利玛窦所引之出处。以米达斯一则寓言而言，就极可能包括其他希腊罗马经典著作，譬如，奥维德（Ovid）的《变形记》（*Metamorphosis*）等。此固是实情，然而我们的关注点大可不必放在譬喻出自何典，因为就算自古典中找出分门别类的出处源流，那又如何？倒是利玛窦传教策略的附会与联想，值得吾人思考注意。也就是说利氏利用这些警世喻言，不只醒世喻世，同时将之"转化"入宗教譬喻，以收戒惕之效，正是这些譬喻的题旨，也是宗教教化过程文字上的暮鼓晨钟。利氏熟读《新约》不在话下，而耶稣基督正是最善用譬喻之人与神！

喻言除拟人外，经常运用明隐喻，最厉害的功效却是这些明隐喻在在都能引证喻言本身题旨，同时没有说教意味，因为喻言本身就是一个趣味极浓，而又经常带有高度悬疑性的完整故事。当然，最后的"寓意"（moral）是画龙点睛（icing on the cake），而非画蛇添足（superfluous commentary）。

即以利玛窦与徐光启于第四篇《常念死候，备死后审》内之交谈为例，利氏引导譬喻如下：

尝有一人行于旷野，忽遇一毒龙，欲攫之，无以敌，即走。龙便逐之，至大阱，不能避，遂匿阱中。赖阱口旁有微土，土生小树，则以一手持树枝，以一足踵微土而悬焉。俯视阱下，则见大虎狼张口欲翕之。复俯视其树，则有黑白虫多许，龁树根欲绝也。其窘如此，倏仰而见蜂窝在上枝，即不胜喜，便以一手取之，而安食其蜜，都忘其险矣。惜哉，食蜜未尽，树根绝，而人入阱为虎狼食也。是奚谓乎？人行旷野，乃汝与我生此世界也。毒龙逐我者，乃死候随处逐人，如影于形也。深阱者，乃地狱之忧泪苦谷也。小树者，乃吾此生命也。微土者，乃吾血肉躯也。虎狼者，乃地狱鬼魔也。黑白虫龁树根者，乃昼夜轮转，减少我命也。蜂窝者，乃世之虚乐。哀哉！人之愚，甘取之，迷而忘大危险，不肯自拯拔焉，哀哉！

西土有两泉相近，其一泉水，人饮之便发笑，至死不止。其一泉水人饮之便止笑，而瘳其疾也。使人笑至死之水，是乃世乐，迷人坏其心也。止笑愈疾之水，则死候之念耳，可不旋酌之乎？[18]

所谓“死候”，应即是死亡（death），而“死候随处逐人，如影于形也”，宛如欧洲中世纪道德剧《凡人》（*Everyman*）序幕中上帝与死亡的对话，并命死亡前往召唤凡人。凡人乞求饶命并作朝圣之旅，途中亲友见弃，唯得“善行”（GoodDeeds）在旁指点，并召“知识”（Knowledge）、“告解”（Confession）、“美貌”

(Beauty)、"毅力"(Strength)、"谨慎"(Discretion)、"五智"(Five Wits)……同行，然皆纷纷离去，唯"善行"自始至终陪伴凡人，共赴黄泉，得蒙圣宠。[19]

中世纪道德剧说教味浓而霸道(forceful)，重训诲(didactic)功能，但文学趣味低落，然而由于拟人化的大量应用，开启出宗教寓言的另一扇门，那就是不再用抽象的拟人(abstract personification)，如"凡人""善行"之类，而用世间众生，却是贴切而妙趣横生。譬如上述利玛窦本人经营的寓意题旨，以毒龙喻死逐凡人，以虎狼陷阱喻地狱恶魔，以小树微土喻人身脆弱无常之躯，并以虫啮生命时间，及蜂蜜甜美之耽乐迷妄，的确是一个无上虚构。更因各类"工具"(vehicle)如毒龙猛兽或虫豸蜂蜜等，均能贴切标出其"题旨"(tenor)，我们可以基本上看为寓言文学。

此类寓言教化充满于《畸人十篇》一书内，自是不可忽视。譬如第六篇与李之藻论"斋戒正旨，非由戒杀"，即以《伊索寓言》内两头豢养的猎犬为喻，指出人亦如犬，"佚玩饫饱，必无所进"，而"烦劳俭约，必不误若所望"[20]。

然而《畸人十篇》最令人注目者，则为利氏不断零星引进之《伊索寓言》故事，启发国人对上述寓言的文学附会与宗教认同。现在引《伊索寓言》两则，即《狮子与狐狸》及《吃得太饱的狐狸》为例。书内利氏另有"厄琐伯"(伊索)矍舌轶事一则，点出"君子希言，而欲无言"的主旨。[21]

本来《狮子与狐狸》和《吃得太饱的狐狸》的故事非常简单，前者在《伊索寓言》中述万兽之王的狮子因年老无法猎物，只好躺在洞穴装病，把来探病的动物吃掉。但狐狸看穿了狮子的计谋，站在洞穴口远远地问候狮子，狮子问它为何不进来，狐狸回答说，因为看到很多走进洞穴的足印，都是有入没出，不然它早就进去了。其寓意是，聪明的人能从小处看出危机，并且趋吉避凶。

然而利玛窦在《畸人十篇》第八篇《善恶之报，在身之后》内引狐狸与狮子的故事，教化是这样的：

> 狐最智，偶入狮子窟。未至也，辄惊而走。彼见坑中百兽迹，有入者，无出者故也。夫死亦人之狮子坑矣，故惧之。惧死则愿生，何疑焉？仁人君子信有天堂，自不惧死恋生。恶人应入地狱，则惧死恋生，自其分矣。[22]

另一则《吃得太饱的狐狸》是说，有一只饥饿的狐狸，因为在大树孔内发现猎人留下的肉和面包，便钻入大啖，结果因太饱肚胀而走不出来，伤心大哭。另一只狐狸路过，问知原委说：在洞孔内等一段时间，让身体恢复原形，就可出来了。寓意教训是，时间可以解决困难。

利玛窦改写的寓言及其申义是这样的：

> 野狐旷日饥饿，身瘦瘠。就鸡栖窃食，门闭无由入。逡巡间，忽睹一隙，仅容其身。馋亟，则伏而入。数日饱饫欲归，而身已肥，腹干张甚，隙不足容。恐主人见之也，不得已，又数日不食。则身瘦瘠如初入时方出矣。智哉此狐，吾人习以自淑，不亦可乎？夫人子入生之隙，空空无所有也，进则

聚财货，富厚矣。及至将死，所聚财货，不得与我偕出也。何不习彼狐之智计，自折阅财货，乃易出乎哉？[23]

除了上述三则寓言，即《两头猎犬》《狮子与狐狸》及《吃得太饱的狐狸》外，尚有另外三篇，一共六则寓言引之作为教义申述。[24]再加上其他在《畸人十篇》里的寓言，可谓珠玑处处，俯拾即是。看来智慧的哲者利玛窦非常信膺耶稣传道方法，在《马可福音》中，耶稣曾对门徒这样说：

神国的奥秘，只叫你们知道。若是对外人讲，凡事就用比喻。叫他们看是看见，却不晓得，听是听见，却不明白……（四：十一、十二）

跟着耶稣就向众人解释撒种的比喻——“撒种之人所撒的，就是道，那撒在路旁的，就是人听了道，撒旦立刻来，把撒在他心里的道夺了去，那撒在石头地上的，就是人听了道，立刻欢喜接受，但他心里没有根……”。（四：十三—十七）

用撒种的比喻来申引大道的手法和利玛窦在前面引用人被毒龙追逐，陷于阱中的比喻，如出一辙。

（三）《伊索寓言》的引入

但是利玛窦《畸人十篇》内的寓言教化，在语言表达方面，更是一种修辞手段。以利氏在神学院的课程训练而言，研读希腊古籍以及修辞训练，造就了他的《记法》及以丰富的寓言知识作为表达手段。亚里士多德在《修辞学》内不只强烈主张以寓言作为例证当辩论手段，同时因其虚构成分，认为更具趣味性、吸引力和说服力。利玛窦当然熟读亚里士多德。

因此《伊索寓言》的引进，是西学东来的一项文学启蒙。也就是说，寓言本身的文学功能，尤其在比兴（metaphor and allegory）、附会（analogy）方面，符合比西方文明更古老的东方文明的修辞表达。陈蒲清的《寓言文学理论·历史与应用》一书，就指出中国寓言体系与希腊寓言体系、印度寓言体系，同为世界三大寓言体系。[25]而中国的寓言体系自先秦诸子即已有之，而且数量庞大。据统计，《庄子》有寓言约200则，《列子》100则，《韩非子》300至400则，《吕氏春秋》近300则，《战国策》50多则。这五部古代著作的寓言加起来便有约1000则。[26]晚明诸儒如徐光启、李之藻，饱读诗书，引经据典，借寓设教，自是滚瓜烂熟。一旦接受西儒灌输，异流同源，即使题材异趣，然而手段、目的一致，不啻是一服强心剂，难怪日后《伊索寓言》的译本如此广泛流行。

《畸人十篇》著于1608年，我们在此可以宣称《伊索寓言》借《畸人十篇》之引介，于明末得以传入中国，由于文学质素与表达手法，我们甚至可以说，这更是西方文学中译的肇始。周作人在论《明译伊索寓言》一文内，亦强烈暗示中国翻译外国文学，实始自《伊索寓言》。然而他指的是在1625年在西安府，由耶稣会士金尼阁（即前曾往抄录景碑者）口述，泉州人张赓笔录的《伊索寓言》选译本《况义》，内含寓言 22 则。[27]

其实早在 1614 年，利玛窦的得力助手西班牙籍的耶稣会士庞迪我（Diego de Pantoja）便在他的《七克》一书中，介绍了九则伊索寓言。熟知耶稣会入华历史的人都知道，庞迪我就是陪同利玛窦入宫晋见万历帝的同伴。因为庞精通音律及科技（后来深深影响陕西人王征的《远西奇器图说录》），利玛窦进贡万历的礼物中有“古翼琴”一座，唯利氏虽通音律，究少禀赋，遂于南京和庞氏会合时，就着他向另一会士郭居静（Lazare Cattaneo）学习弹奏琴法。庞迪我不但学会演奏，而且弄懂了和弦。此法果然生效。后来庞氏不但可以出入宫中向太监传授琴法，更由于和宫中来往较密切，利氏 1610 年逝世，他便向皇帝请赐墓地，而得让利氏葬于京城。

所谓《七克》，我们可以解释为七种克服罪恶的方法。顾名思义，这是一本教人怎样克己修德的书。天主教教义有所谓“七宗罪”（Seven Deadly Sins），即骄傲、悭吝、迷色、愤怒、迷饮食、嫉妒及懈惰于善。庞氏之书共七卷，每卷详列克制罪宗的方法，其中就夹杂了《伊索寓言》及其他寓言故事。

大陆学者戈宝权曾在《谈庞迪我著作中翻译介绍的伊索寓言》文中，详列九则伊索寓言，并与 1857 年《七克》一书的官话译本抄引对照。[28] 观其书中袭用寓言题旨及申义，与利氏的《畸人十篇》大同小异。亦即是在书内引述“古有贤人”或“昔有贤人”（指伊索）的“寓言曰”（即《伊索寓言》）后，随即以寓言训诲引申为教义训诲，并且大量引用新旧约《圣经》及圣人的话。现仅列出戈文中引用的部分《伊索寓言》的题目：

（一）《乌鸦与狐狸》（卷一《戒听誉》一章内）

（二）《树木与橄榄树》（卷一《戒好贵》一章内）

（三）《孔雀足丑》（卷一《戒好贵》一章内）

（四）《贫人鬻酒》（卷二《解贪篇》内）

（五）《兔子与青蛙》（卷四《以忍德敌难》一章内）

（六）《驴与马》（卷五《塞饕篇》内）

（七）《狮子、狼与狐》（卷六《戒谗言》一章内）

《七克》一书影响深远，由明入清，屡经翻印，除1614年原版外，后并有1643、1798、1843、1849、1873年等其他木刻版本。乾隆于1778年修《四库全书》时，亦将此书收入。1857年，遣使会士转译为官话（即当时清代流传于京师一带的“语体文”），称为《七克真训》。[29]康熙三十二年（1693），清儒即曾如此肯定认同：“泰西之人数万里来宾，其文亦温文典雅，诚朴不欺，自号‘西儒’，以《七克》为教，似无异乎孔门所谓克己复礼者也。”[30]

最后一句值得我们深思，尤其就文化认同层面而言，以中国儒家文化为本体的士人，似乎能够认同并接受西方古哲克己复礼修德的观念。当然，圣教三柱石的徐光启、杨廷筠及李之藻大有功焉。因为他们在校辑庞迪我的文本时，一定会考虑是书命名以及如何相融于中国儒学而不悖原意。《七克》之名可圈可点，自有儒教克己、修德、复礼的联想。《伊索寓言》故事本是民间杜撰传说，却因其小小的智慧及训诲，跻身于中西大儒之道，则恐非始料所及。其主因当然是前述利玛窦的附会策略，但寓言本身的共同性及趣味性也是不可忽视的因素。在这方面，利玛窦《畸人十篇》与庞迪我《七克》所采用附会以教化的间接策略，远远比利玛窦无可妥协的教理《天主实义》及庞著的《天主实义续编》成功得多。

但是同样值得我们注意的却是西方传教士挟科技文明而成真理之余，古希腊罗马圣哲的言行典范也成就了优越的西方主义入华的沛然姿态。上述《畸人十篇》《七克》等书均以希腊圣哲为楷范，当时明、清诸儒将之归于认同本国儒教，且虚心向西方学习的取经心态，甚至以西方思想用作"中国启蒙"已日进有功，更成日后"西化"浪潮，而西书中译以及西方思想、行为、环境、词汇种种的吸收转化，下及1919年新生活与新文化的五四运动。蛛丝马迹，有迹可循，其理甚明，亦不容忽视。观诸庞迪我在《七克》书中大量引用亚里士多德及塞尼加隽语，其用心自是营建双圣哲之言行为无上典范。

（四）《伊索寓言》之全面选译本：《况义》

时至今日，许多人仍以寓言（尤其联想外语之fables）为西方产品，其代表作品当然是《伊索寓言》。可见西风东渐以来，最大弊病在于国人懂得与学习西方多于懂得与学习本国；东方人懂得西方文化，远远比西方人懂得东方文化为多。我曾在第三节引述学者申述中国寓言体系及其丰盛的文学遗产，然而耶稣会士引进的西方寓言，远比国人研究本国寓言更专注有恒，一直要到茅盾1919年初编的《中国寓言》出版，我们才见到以下的感叹：

译学既兴，浅见者流，惊伊索寓言为独步，奉诘支为祖师。贫子忘己之珠，东施效人之颦，亦文林之憾事，诚艺苑之阙典。[31]

但是话又得说回来，寓言以“文类”（fable as a genre）而言，在中国一向付之阙如，唯零星散见于先秦诸子。欠缺的是像茅盾的整理，或是像伊索那种统一创作。即使《庄子》内有所谓“寓言十九，借外论之”（见《寓言》篇），其本意亦不过是说，庄子引寓言动机，十之八九是假借外在故事来讨论，也就是说，大道是主，寓言是副，目的是用寓言去让人明白庄子的道理（那是蜩鸠无法明白的鲲鹏大道）。《伊索寓言》没有什么大道，基本功能在取悦（to please）之余，能得教化（to educate）之功，因为三岁童蒙，亦能明白，更能普及童稚成人。文学的取悦功能无分老幼，教育功能亦是人人所望。寓言智慧与趣味的组合，正是西方教化的“甜美与光”（sweetness and light），有点像中国传统的“美刺”（to praise and to criticize）功能。

1625年由金尼阁口译的《况义》，才算是《伊索寓言》的全面选译本，虽然只有22则故事，它的出现，却在文学史上，替西书中译的过程奠下一个明显里程碑。因为即使是有限选译（后期的第二手抄本后另附16则寓言，全部可说有38则），却是一本完整的译作，同时极少教义申述。《况义》的“况”作“比”解，“义”即“寓意”，这种解释在书后谢懋明的跋文里交代得很清楚。[32]

然而吾人百思未解者，仍为上书仅名《况义》，而不袭用利玛窦当初在《畸》书内最早的伊索译名“厄琐伯”。而戈宝权先生当年为了搜求西安府1625年刻印的《况义》原刻版，上天入地，遍寻不获，[33]后来自法国巴黎国家图书馆寻得两种《况义》，从手抄本封面照片及内文看来，并无一字提及原作者伊索之名，仅在内第一页标出——

况义　　　　西方金尼阁　口授

　　　　　　南国张赓　　笔传

此种做法，非常符合金尼阁的心态、作风。他一生最受争议之处，即为他在1614年第一次自中国回罗马，携回利玛窦遗著《中国传教史》（或称《中国札记》），并自意大利文翻译成拉丁文，另加上他自己添写的利氏病逝、殡葬的两章，于次年（1615）径自用自己的名字出版。后来又译成法文、德文及西班牙文。一直要到1909年，耶稣会的历史学家及考据学者相继发现利氏原件，并加以注释，才得以反本归源，1942—1949年出版了三册权威性版本（definitive edition）《利学资料》（*Fonti Ricciane*）。[34]

由此可知，《况义》一书，至少以手抄版本而言，好像就是金尼阁口授的著作，掩耳盗铃，一直要到周作人在东京上野图书馆见到1840年广东出版的《意拾蒙引》，经两百余年后，伊索（意拾）的名字才在中土得以重塑金身，并还本来面目。[35]

周作人看到的《意拾蒙引》其实只是清代许多版本之粤版。周氏指出，此书深受读者欢迎，官方害怕政治有所影射而影响民风，而一度在中日被禁（颇似明代瞿佑《剪灯新话》的遭遇）。

但有学者继而指出："他可能不知道除粤版外，清代的《意拾蒙引》尚有沪刻本及其他手抄本。改版重订的改题本《意拾喻言》，原书非但未遭查禁，清末还流传到了日本。"[36]

所以《意拾蒙引》其实就是《意拾喻言》，最早版本应是1837年的广州版，1840年重印一次。"意拾"即伊索之粤语音译，收寓言82则，这数目已经显露出一本完整的寓言故事了。书虽署名为"蒙昧先生著，门人懒惰生编译"[37]，其真正作者是英国人罗伯特·汤姆，而阅读寓言的目的，却是语言学习，那是提供给英国人学习汉语的读物，全书编排是英语、汉译、国语拼音和粤语拼音四者对照排列。[38]

汤姆先生为驻华领事。这本1840年版的《意拾喻言》(或《意拾蒙引》)据云全世界仅存四本，分别在英、日和中国的香港、上海。因此罗伯特·汤姆之名，仅二手资料提及。[39]现藏于上海版本的封面，颇为有趣，值得观摩。在中英对照的封面上，第一、二行是中西文书名对照。自第三行至第八行均为英文，分别排列如下：

ESOP'S FABLES

WRITTEN IN CHINESE BY THE LEARNED MUN MOOY SEEN-SHANG,

AND COMPILED IN THEIR PRESENT FORM (with a free and a literal translation)

BY HIS PUPIL

SLOTH

由此可知，著作应是汉语译者——蒙昧先生（Mun Mooy Seen-shang），而负责编纂该书成为中英对照版本的是蒙昧先生的学生懒惰生（Sloth）。所以很可能懒惰生才是罗伯特·汤姆。他不但负责编辑，同时亦以“知名不具”的笔名为该书写出中英对照的“叙”言：

> 余作是书，非以笔墨取长，盖吾大英及诸外国欲习汉文者，苦于不得其门而入，即如先儒马礼逊所作《华英字典》，固属最要之书，然亦仅通字义而已；至于辞章句读，并无可考之书。故凡文字到手，多属疑难，安可望其执笔成文哉！余故特为此者，俾学者预先知其情节，然后持此细心玩索，渐次可通，犹胜傅师当前过耳之学，终不能心领而神会也。学者以此长置案头，不时玩习，未有不浩然而自得者，诚为汉道之梯航也，勿以浅陋见弃为望。[40]

明显看出，本来执笔为“叙”（Prefactory Discourse）者，应为英文版本的懒惰生（另用笔名“知名不具”），而蒙昧先生则负责把英文语文本翻译成上面的序文。

“俾学者预先知其情节”，即是让学习汉语的英人，首先阅读英文版的寓言故事，知其情节后，再对照观摩阅读汉文版本，并且参考旁边逐字音译的国、粤注音，可谓苦心孤诣，则《意拾喻言》明显为语言学习之用，殆无疑义。该书流传于中外读者间广远，用作英文课文亦未尝不可。

（五）总结

从利玛窦《畸人十篇》开始引进《伊索寓言》，其他耶稣会士采用寓言资料以说教与附会后，便非常合理地发展出系统介绍《伊索寓言》的部分或大部分文本，我们更从中看出西学东传的一些脉搏跳动。至少就文学引介而言，《伊索寓言》应该是第一部引入中国的文学寓言。虽然最初为宗教工具以教化，后期转入为语言教材，均显示出其广受欢迎、老幼咸宜的丰富文哲内涵，最后提及的这本《意拾喻言》不容忽视，因为后来在《万国公报》发表的《意拾寓言》（1878），施医院刻本《伊娑菩喻言》（1885）、张赤山翻译的《海国妙喻》（1888）、香港文裕堂版《伊娑菩喻言》（1903）等许多版本，全部根据这本1840年的语言教材改写整理而成。至于林纾、严璩（严复之子）于1902年出版的《伊索寓言》，可算是经历时间炉火，千锤百炼而成的黄金故事。对一个数千年来文以载道的国家来说，《伊索寓言》更能以轻松的姿态，进入对童蒙说教的新形态。原来许多小故事不必事事依附在大道理之上，日常生活的平凡事物，甚至虚构角色彼此的互动，尤其是伊索的动物世界，往往带给阅读者一个全面客观的角度，既可怡情，亦可沉思，更可附会、感化。

注 释

［1］韦利·古恩（Joanna Waley-Cohen）. *The Sextants of Beijing.New York:Norton*.1999：56。当时教皇把远东传教权分别授给葡萄牙以亚洲（菲

律宾除外），授给西班牙以美洲大陆（巴西除外）。这两大海上霸权各为利益关系，互相倾轧，即使在华之葡借及西借传教士之间亦在所难免。又据 1999 年 11 月 7 日《纽约时报》世界版报道年底澳门回归中国一文载，16 世纪葡萄牙殖民地自里斯本沿非洲伸展，绕好望角入莫桑比克，再自印度的果阿到东亚的澳门。

［2］方豪 . 中西交通史（下册）. 台北：中国文化大学出版部，1983：1006。

［3］同［2］，第 1007 页。

［4］顾卫民 . 基督教与近代中国社会 . 上海：上海人民出版社，1996：183。因为在 17 世纪早期葡萄牙拥有亚洲的“保教权”，传教区主教任命及传教士遣派均需里斯本同意。罗马教廷后另设“宗座代牧制”（Vicariates Apostlic），发展到 19 世纪，宗座代收区遂以省份为单位，西班牙的“多明我会”主管福建。

［5］王漪 . 明清之际中学之西渐 . 台北：商务印书馆，1987：54~55。有关闵明我与中国礼仪之讨论，读者宜参考 J.S.Cummins,ed.*The Travels and Controversies of Friar Domingo Navarrete,1618—1686*.Cambridge，1962。

［6］利玛窦著《天主实义》引经据典，称“吾天主乃古经书所称上帝也……”见上书上卷第 2 篇《解释世人错认天主》// 李之藻 . 天学初函（一）. 台北：学生书局，1965：415。

［7］利玛窦 . 中国传教史 // 刘俊余，王玉川，译 // 利玛窦全集 . 台北：辅仁大学、光启出版社联合出版，1986：85。

［8］同［7］，第 3 页。

［9］同［6］，第 87 页。刘伯骥指出：“此碑为景教一重要文献，

高一丈余，广五尺，厚一尺余之大石，勒汉字共有一千八百余字，并刻有叙利亚文，建造日期为建中二年（纪元781年），岁在作噩太簇月（正月）二日，大耀森文日（波斯文：yaksamba，星期一日）。大秦寺僧景净（Adam）述，朝议郎吕秀岩书，乃为聂派会外神职班之萨巴才（Lord Yesbrzid）于冬季集会时建立。”见刘伯骥《中西文化交通小史》，台北正中书局1987年版。

[10]“庐居灵竺间”一句，据学者考证为李之藻在杭州之私人住宅，并在旁加建一小圣堂，万历三十九年（1611）杭州开教司铎郭居静、金尼阁均曾居住李寓，李之藻的房子在一秀丽山岭上，附近为进香胜地灵隐寺，因寺前有许多天生木石，故推断应在今日之灵隐寺旁法云寺附近。见黄兰英《论李之藻在中西文化交流史上的主要活动和贡献》一文，载于陈村富主编《宗教与文化论丛（1994）》，东方出版社1994年版。

[11]同[6]，第77~92页。

[12]同[6]，第103页。因罗光所著《利玛窦传》内所据之版本为1928年土山湾版，所引李氏之序文误植、漏植甚多（见罗书第179页。台北学生书局1982年版），后人亦沿引其误，故将此段在此重录一遍。唯参阅朱维铮主编之《利玛窦中文著译集》后，发觉此序有两种版本，故文字不尽相同。

[13]罗光．利玛窦传．台北：学生书局，1983：180。

[14]利玛窦等．畸人十篇．1608。

[15]《庄子·养生主》开章明义地说：“吾生也有涯，而知也无涯，以有涯随无涯，殆已。”

[16]李奭学．希腊寓言与明末天主教东传．台北《中外文学》（总217期），第135页。

［17］同［16］，第 136~137 页。

［18］同［14］，第 158~159 页。承李奭学兄告知，此篇故事实出自佛典，则西方中世纪道德剧《凡人》自是晚于释家故事，然借喻警世之手法则颇相同。见李奭学《如来佛的手掌心——试论明末耶稣会证道故事里的佛教色彩》，台北中研院中国文哲研究集刊，2001 年第 19 期。

［19］黄琼玖．西洋戏剧选读．台北：正中书局，1960：131。

［20］同［14］，第 206 页。此实取自《伊索寓言》之《两只狗》，内叙有人养了两只狗，一为猎犬，一作看门犬，每当猎犬出猎有获，主人均给看门犬分享。猎犬心有不甘而抱怨，看门犬回答曰："这应怪主人，因他不教我工作，只教我享用别人辛劳所得。"

［21］同［14］，第 187~191 页。

［22］同［14］，第 224 页。

［23］同［14］，第 163~164 页。

［24］陈蒲清．寓言文学理论·历史与应用．台北：骆驼出版社，1992：401。

［25］同［24］，第 157 页。

［26］同［24］，第 200 页。

［27］同［24］，第 227 页。又周作人在《明译伊索寓言》一文内指出："据新村出氏《南蛮广记》所说，明末也有一种《伊索》汉译本，特巴克耳（De Backer）的耶稣会士著述书志内金尼阁（Nicholas Trigault）项下有这样一条：《况义》（《伊索寓言》选）西安府，1625 年，一卷。"见《周作人全集》（二）内《茶话二十三篇》，台北蓝灯文化事业公司 1992 年版。

［28］戈宝权．中国比较文学（一）．杭州：浙江文艺出版社，

1985：292。

［29］同［28］，第 294 页。

［30］张铠．庞迪我与中国——耶稣会“适应”策略研究．北京：北京图书馆出版社，1997：286。

［31］同［24］，第 2 页。此为孙毓修所写之长篇骈文序内之语。

［32］戈宝权．中国比较文学（二）．杭州：浙江文艺出版社，1986：290。

［33］戈氏从王征家藏入手，因王是明末陕西接受基督文明最早的知识分子——“金尼阁和王征关系尤为密切，他们合著过《西儒耳目资》……王征家的书板都贮存于高陵县通远坊的天主教堂，辛亥革命后还存在，直到 1926 年军阀刘镇华围攻西安，大批难民逃到通远坊教堂，书板始遭破坏焚毁（被劈作木柴，以供炊爨）。”所以西安木刻本的《况义》已无存。见注［32］，第 277~278 页。

［34］罗光．利玛窦全书序 // 利玛窦全集（一），见注［7］，第 2 页。

［35］同［27］，第 104 页。

［36］同［16］，第 147~148 页。

［37］熊月之．西学东渐与晚清社会．上海：上海人民出版社，1994：704。

［38］施蛰存，主编．中国近代文学大系 1840—1919·翻译文学集．上海：上海书店出版社，1991：223。

［39］同［38］，第 223 页。

［40］同［38］，第 225 页。

四、实义与辟邪
——明末天主教与佛教的辩争

（一）利玛窦与李贽

利玛窦自1599年入南京后，不断和佛教人士接触，他与瞿太素等人当初落脚寄居处，就是城中的承恩寺。交往的佛教中人，其中一名就是弃官出家为僧的李贽（卓吾）。可能李氏从儒转释，以其叛逆不羁的反传统个性而言，充满意识的矛盾和挣扎、抗拒与容纳。利氏的适时出现，不但认同儒学，并且糅合天主教教理，与李本人的儒释互补，实是异曲同工。因此两人识英雄、重英雄，惺惺相惜。李氏更一反其偏激性格，尽量在交往、交谈中，异中求同。这种对外来文明或宗教的妥协容纳态度，值得注意。文献有载：

这两位大文人（作者按：指宣扬三教合一的焦竑及在焦家作客的李贽）对利神父非常敬重。特别是李贽，本来非常高傲，大官拜访他时，他不接见，也不拜访高官大员；而他竟先自动造访利神父，使神父的朋友们都感到意外。

利神父按中国习惯回拜时，有许多学术界朋友在场，大家谈论的是宗教问题。李贽不愿与利神父争论，也不反驳他的主张，反而说天主教是真的。[1]

这就是李卓吾聪明过人之处，他一方面看到利氏才华横溢，却又深藏不露，无论在华语文字阅读书写及儒学经典的演绎领会，比其他儒生犹有过之；另一方面又感到利氏携来之西方教义内涵渊博，实非一般凡夫俗子诟骂、辩争所能澄清。也就是说，具慧眼而观察入微的李贽已经感觉到利氏非一般传教士，而是一极出色的“标致人”。他在写给友人的信函里，曾这般描述利玛窦：

今尽能言我此间之言，作此间之文字，行此间之礼仪，是一极标致人也。极玲珑，外极朴实，数十人群聚喧杂，仇对各得，旁不得以其间斗之使乱。我所见人未有其比，非过亢则过谄，非露聪明则太闷闷瞆瞆者，皆让之矣。但不知到此何为，我已经三度相会，毕竟不知到此何干也。[2]

寥寥数句评语，写出利氏为人风格神韵，可谓栩栩如生。利玛窦气度恢宏，思维敏捷而行事踏实，让好刚使气的李贽为之折服，称赞为“我所见人未有其比”，可见利氏在李心中之崇高地位。

翌年（1600）春，两人又在山东济宁城会面，利氏正为入京事宜奔走，李贽与当时管理运河漕运的刘姓都堂，皆倾力相助。[3]及李贽狱中横死，利玛窦亦于在华札记中提及，本来是想引领李氏等人入教的。[4]

利氏和李贽惺惺相惜的交往，表面看来是萍水相逢的偶然，但细观之下未止于此。李贽是一代怪杰，思想独特，言人不敢言，反封建礼教，打破偶像崇拜，这当然是利氏最欣赏乐见的。在利氏未公开进入与佛教争辩之前，我们虽不欲过分揣测利玛窦入华后的调适心理，但从他与瞿太素交往开始，并接纳劝告，改僧衣而换儒服，似乎是与儒生交往之余，更认同儒家哲理，接受教化。但问题亦出自利氏的基督教教义究竟能容纳多少儒家思想，尤其是后者的入世忧患意识以及个人内心修养调和、演变与成长，都并非以原罪及补赎教义所能接受。我们虽不敢苟同梁漱溟所谓中国人是“世界上唯一淡于宗教，远于宗教，可谓‘非宗教的民族’”[5]，但儒家的道及其体验，和西方恭奉上帝的宗教方式迥然不同，刘述先曾指出，“中国传统注重内心的修养，这是一种自力救赎的道路，与耶教之依赖耶稣基督以及上帝的信仰那种他力救赎的道路恰恰相反，这显然是根源于两个传统对于人性的了解之不同所致”[6]。

宋明理学本身就是一个大转化，更是一个大溶解，因为它不但延续千年儒家道统，更兼收并蓄，吸纳释家教义，而使心性系统趋赴完整。利玛窦躬逢其会，博览群经之余，更旁及华夏子民种种习俗信仰，又岂有不知之理？[7]然而李贽的出现，对利而言，不啻是暗夜明灯，在中国儒释道三教义理的围绕下，李贽反抗南宋理学道统，尤其程朱理学抽象的宇宙观，譬如太极，便认为乌有。[8]他独断独行的思想个性，也曾博得晚明士子的同情，袁中道称他为“本息机忘世，槁木死灰人也，而于古之忠臣义士，侠儿剑客，存亡雅谊，生死交情，读其遗事为之咋指斫案，投袂而起，涕泪横流，痛哭滂沱而若不自禁”。[9]则可见其坦率性情，行事做人，自有其感人之处。

萧公权先生读了上面袁中道的描述后，有一段中肯的评语，他说："就此描述及其行事观之，足见李氏为一个性甚强，感情奔放之人。若使生于近代民主社会之环境中，言行比较自由，则虽未必果为乡愿，其思想殆不过进步之前锋，不至激烈怪变，至于对社会中一切礼俗名教作正面之冲突。不幸李氏生当晚明专制政府恶化之时，上则权臣逆阉专国，下则科举道学坏才。愤世嫉俗，养成满腔郁勃不平之气，激荡发泄，遂至无复分际范围。"[10] 所谓"民主社会之环境"，当然是指西方思潮入华后所带来种种政治社会的建议与改革，这种观念与利玛窦亟欲大量输入中土的宗教、学术互为表里，只不过利本人为传教士，当然以天主教教义入华为当务之急，而其传教策略乃在于利用自然科学真理来做最前线，以引证附会为宗教真理。[11] 至于社会政治、人文学科等其他知识传播反而落在第二线，而逊于天文历算、数学机械、水利或大炮的制造方法。萧先生十分惋惜地指出这种"买椟还珠"的现象，中国士人除实学外，"其关于哲学、政治、社会者十不得一，然倘使一般人士能虚怀以究之，则中国之维新不必俟戊戌、辛亥而始肇端。盖现代文化以科学精神为其骨干，此积极而客观之致知精神，发萌于古希腊，至中世纪暂为宗教信仰所蚀，迨文艺复兴而日趋滋长，终生欧洲现代精神及物质文明的根本"[12]。利玛窦天纵英才，西方思潮绝未稍逊科技知识，入华后，又岂有不知儒家传统自宋明以来已发展出许多道德束缚，尤其是李贽亟欲追求的妇女解放与平等。

我们虽不悉利、李两人三度见面谈话内容，李在万历十六年

（1588）虽已削发为僧，然而非常明显，李极欣赏利氏迢迢万里来华感受教化，并受四书五经，“住南海肇庆几二十载，凡我国书籍无不读”[13]，因此谈话中避重就轻，对宗教教理的异同，“不肯讨论也不肯辩驳”[14]。这是李的过人之处，因他早知利氏用心：“但不知到此何为，我已经三度相会，毕竟不知到此何干也。”显是托词，因李继续说：“意其欲以所学易吾周、孔之学，则又太愚，恐非是尔。”[15]也就是告诉其他儒生，假如大家一厢情愿，以为利氏来华，乃是以西洋实学来交换我国儒学，那未免太低估他，恐怕不是这样的。

因此我们看出，李贽虽因欣赏利氏而珍惜彼此友谊，他的位置在基督文明入华过程中依然微妙，并且只适合利氏早期交往；即使他未遭惑世诬民之罪入狱，以七六高龄自刎横死，如果介入利氏后期与佛教的激烈对抗与争论，他可能采取的态度和立场，将是一个没有答案的假设性而有趣的问题。

（二）利玛窦与三淮的交锋

利玛窦在南京期间的显著活动，除了与儒生官吏交往，就是与佛僧三淮的争辩。这方面的参考资料颇纷纭杂乱，现重新整理出其过程轮廓，以便进入后来利氏与佛教的公开对决（showdown）。

原始资料当然是利氏本人手札，但札记自经金尼阁改译后，以第三者描述利氏行为及其观点看法，而非作者自述，甚难揣摩利氏本人处事之心情或心态。当时南京士人经常聚会，讨论儒佛相容之事，其中七十高龄的李汝祯弃儒皈佛，德高望重，门下弟子数以千计，并每月定出数天，接见外宾交流意见。他和利玛窦见了面，按照利氏札记，交谈结果是：

利神父使对方承认了，佛教似一个苹果，一部分是好的，一部分是坏的；好的部分可以接受，坏的部分就该丢弃。当时有几位李汝祯的弟子在场，听了老师如此让步，皆感不悦；而李汝祯本人也很奇怪，在第一次会面，利神父便毫不留情地反对佛教。[16]

这是一份颇为模糊的追述，而且非常袒护利神父的苹果比喻，不但没有呈现交谈过程，便跳入苹果好坏参半的结论。可能当时的情况是，第一次见面，中国主人待利氏以上宾之礼，不欲过分激辩，而折中性地承认结论，而引出日后把三淮和尚带来与利氏辩论的伏机。

但另一令人感兴趣的现象是儒生之间，并非所有皆弃儒从佛。因此我们看到一个微妙的局面，那就是反对佛教的儒生，反而更同情利氏之排斥佛教。他们认为利氏儒服方帽，尊孔敬道，自是对儒学的一种感化与认同。因此，工部主事刘斗墟在另一聚会里，聆听李汝祯贬孔扬佛言论后，勃然大怒责李曰：

吾子素学孔孟者也，今以佞佛故，而驾孔孟之上何也？不如大西利子者，奉天主真教，航海远来，其言多与孔孟相合，又明辩释氏之不正。[17]

“其言多与孔孟相合”一语，对利玛窦在华传教策略而言，无疑醍醐灌顶，妙不可言。这才是基督文明入华的最关键处。因为无论如何效法科技文明，华夏所认知的自然科学种种，结果只能以科学（技）“附会”成真理，再以真理“附会”成教理。但一旦面临基督教教理的阐释宣扬，却又无从退让，无可妥协，尤其在宗教教理上，处处与佛教相互倾轧。但如在附儒方面，把耶和华的神（Deus）演绎为儒家传统的“上帝”，实为神来之笔。呼之为“天主”，更与儒典的上天、敬天、事天等祭祀仪式丝丝入扣。上面刘斗墟一席话，便是利氏附儒之功。

其实不只刘斗墟，写《五杂俎》的谢肇淛亦曾这样评述：“天主国在佛国之西，其人通文理，儒雅与中国无别。有利玛窦者，自其国来……其书有《天主实义》，往往与儒教互相发……余甚喜其说为近于儒，而劝世较为亲切，不似释动以恍惚支离之语愚骇庸俗也。与人言恂恂有礼，词辩叩之不竭，异域中亦可谓有人也已！”[18]可见利氏周旋于群士之间，不只彬彬有礼赢得他们的尊敬，同时更知己知彼，以儒学诠释教义，“词辩而不竭”，待人接物，真挚诚厚，劝世亲切，入世多于出世，符合儒家介入进取精神，甚易获得如谢肇淛等儒士的赞许。[19]

终于李汝祯找到机会，安排名僧三淮（又称“三槐”）和利氏聚会，利氏当然知道来者不善，但再三推辞不得，只好与会。三淮何许人也？方豪教授考据自沈德符《野获编》第27卷内“雪浪被逐”条，指出雪浪即三淮，以风流故，被逐出金陵大报恩寺。其人“敏慧能诗，博通梵夹，为讲师翘楚，貌亦质伟，辩才无碍，多游缙绅间”[20]。如果此考属实，则三淮自属知识分子类型僧人。

又据艾儒略（Julio Aleni）著《大西西泰利先生行迹》一书内，曾描述利氏与三淮初次会面情形，“有僧三槐者已先在座，而利氏偕瞿太素至，三槐岸然居上，利子以谦承之”[21]。可见利氏周旋儒士名僧中，依然谦恭有礼，不卑不亢，自有一种儒家传统揖让而升的气度，这是利玛窦先声夺人之处。

至于两人会面情形，有两项资料可参考，一是利氏本人手札，另一是克鲁宁（Vincent Cronin）用传记方式，描述利氏在华事迹的《圣哲西来》（*The Wise Man from the West*）[22]一书。此书另有思果先生中译本，名《西泰子来华记》[23]，但此书资料仍多来自利氏本人手札，所以下面引述的一段，仍来自手札记录：

> 三淮表示想与利神父谈宗教问题。神父便说：“在讨论别的问题之前，我希望您表示态度，说明您对天地万物之主宰及根源，即我们所说的天主，有何看法。”三淮说，宇宙中有这样一位主宰及创造者，但并不是怎样伟大的东西，因而每个人都与他相等，没有不如他的地方。三淮说这些话时，扬扬得意，好像他比天地之主宰还要伟大。
>
> 利神父问他，能不能创造天地万物之创造者所创造的东西，因为不然的话，只是空托虚言。三淮说，他能创造天地。利神父说，“我不敢烦劳您创造另一个天和另一个地，只请您给我们创造一个火炉，就像面前的那个一样”。三淮这时喊说，不该要求他做这样的东西。利神父也就提高了声音说，他不该夸言自己能做自己实际不能做的事。大家一听到喊声，都围了过来，问争执的是什么事。[24]

这是利氏手札记录，记载的当然是他本人理解的情况与交谈，但如客观仔细研读，文本解构后的蛛丝马迹，仍可看出两人争吵，乃是各说各话，互不牵涉。再假若重构各说的是什么话时，其真相实在于基督教教理与佛教教义的迥异。

先说原创（creation）观念，西方希腊罗马圣哲苦思本体论（ontology）历时千载，始得在中世纪（400—1400）为天主教哲学的天主创世者（the Creator）所解决，尤其圣奥古斯丁（St. Augustine）带来天主创世与时间并存的见解。[25]按天主教教义，十诫首要，即要恭敬天主为万有之上，为唯一真主及造物者。然按释家之名相虚幻，则物我皆空，所谓诸相，皆为执妄。这样看来，才可能有三淮对造物之主的看法："并不是怎样伟大的东西。"

当时的情境可能是，利玛窦质问三淮，那你能造吗？三淮认为，既是虚空执妄，一念之间，当然能造，执着便有，了悟便空。有无之间，全在眼耳鼻舌身意。然而利神父继续问，那你能造一个火炉吗？三淮怒答，我说的不是物质，而是色相，"不该要求他造这样的东西"。利神父反驳道："他不该夸言自己能做自己实际不能做的事。"两人便争执起来。

如果情境真的如上之复述，则彼此的确缺乏了解，并造成最大的误解。现继续引述两人的争辩：

> 这时三淮开始讲解佛教的原理。他以高傲的口气问利神父是否懂数学，因为他听说利神父是位大天文学家。利神父答说懂一点数学。三淮便说："在您讲论太阳和月亮时，是您到这些星辰所在的天上去，或是这些星辰落下来到您的心

> 里去呢？”利神父答说：“我不到天上去，这些星辰也不到地上来；而是当我们看到某个东西时，在我们心中立刻便产生这东西的一种形象；然后在我们要思索或讲论这东西时，我们便在心中观看前已形成的形象。”这时三淮站起身来说：“这就对了，您重新创造了一个太阳和一个月亮；您也同样能创造别的东西。”他非常得意，认为证明了他想证明的。利神父便解释说：“在心灵中的意象不是太阳或月亮，只是太阳和月亮的形象，在两者之间有很大的差别；而且人若不先看到太阳和月亮，意象根本无法形成，也不能设想；更不要说创造太阳和月亮了。”然后又提出镜子之类比：镜子里也有太阳和月亮的形象，只要使之面对这些东西；但是没有人愚笨到说，镜子制造太阳、月亮以及镜子所反映出的其他东西。[26]

三淮强调的，仍然是色相本身虚幻，既然生命本身无常短暂，成住坏空，则其所感受的一切存在对象（有为法），包括许多永恒物体，譬如日月星辰，也是虚空。色与空犹如铜板的两面，色即是空，空即是色，生命里所有的受、想、行、识，皆是如此，所以我们要在实体中看出生命虚幻，但同样在虚幻中接受实体的存在事实，所以也就不用执着于空相或实相的分别。这是佛祖在《金刚经》里反复辨证的“凡所有相，皆是虚妄”，而往往为了三千大千世界的许多虚空，必须从实体来证明，于是“如来说非微尘，是名微尘。如来说世界，非世界，是名世界”。甚至在语言上的命名或名相，也不可执着于字面意义，因为文字不过也是人类发明出来，用以表达字面背后的意义，所以即使经文名“金刚般若波罗蜜”，“佛说般若波罗蜜，则非般若波罗蜜”。[27]

因此三淮想证明，同时向利玛窦挑战的，是心性对实物虚妄的认识。利氏反驳的却是形式（form）背后质体（matter）的存在，这本来就是亚里士多德（Aristotle）形而上学的理论，无论形式的表达是物体的形状，或心中的影像，质体本身的本质（essence）是真实的。[28]——当然利氏目的乃在于指出造物之主，至尊为万有之上。

后来利玛窦在其《天主实学》一书中亦就物体与心镜反映的关系加以解释。他说：“智者之心含天地、具万物，非真天地万物之体也。唯仰观俯察，鉴其形而达其理，求其本而遂其用耳，故目所未睹，则心不得有其像。若止水、若明镜影诸万物，乃谓明镜、止水均有天地即能造作之，岂可乎？必言顾行乃可信焉。天主万物之源，能生万物。若人即与之同，当亦能生之，然谁人能生一山一川于此乎？”[29]

虽然两人争锋没有结论，各说各话，但在聚会中，明代儒生切身关心探求的，往往是千年以来无法定论的人性论。人性孰善孰恶，或非善非恶，当时的话题又转到性善性恶上来。利氏遂用逻辑区分出道德上的恶与自然界的恶以及人性先天与后天因素，顺便宣扬原罪对人性的腐化及天主的助佑恩宠。但是他的结论是，天地之主是至善的，就像太阳是光明而不可能黑暗，因本性就是明亮。[30]这点让许多士子大为认同，认为儒家之道，堪足与天主至善相比。

利玛窦遂获得巨大启发，而在《天主实义》特别辟章加以阐述。该书第七章名《论人性本善，而述天主门士正学》，就是用儒家性善之说，借中士与西士两人之问答对话，谈性理，论仁德，犹如一本传习录。试举一段如下："性之善，为良善；德之善，为习善。夫良善者，天主原化性命之德，而我无功焉；我所谓功，止在自习积德之善也。孩提之童爱亲，鸟兽亦爱之；常人不论仁与不仁，乍见孺子将入于井，即皆怵惕；此皆良善耳。鸟兽与不仁者何德之有乎？见义而即行之，乃为德耳。彼或有所未能、或有所未暇视义，无以成德也。"[31]

（三）利玛窦与儒释的抗争

无可置疑，利玛窦入华第一要务在于传教，在策略运用上，除了以科技文明敲开中国大门，再以宗教附会科技真理，而成宗教真理，他面临的最大挑战，还是在于如何建立与强调西方的天主教为唯一宗教真理。在这点上，一向虚怀若谷的利氏，一反常态，有如披甲而战的勇士，开始长期艰苦斗争。中国本是一极具包容性的国家，将宗教融入文化，而成生活中的一种意识形态，是其中特色。在新儒学发展过程中，吸收释、道两教精华，不但分别成为三大文化典范（cultural paradigms），而且在宗教信仰上，显露出强烈的异教合一性（religious syncretism）。本文前面提到的李贽，其怪言异行便显然有三教合一的倾向，有学者更以"李卓吾杂糅儒道法佛四家思想"为篇目，指出李贽代表了明代思想最驳杂的泰州学派。[32]但问题仍出自利氏无法超越的教理底线，尤其在创世纪造物的天地主宰，更难认同万物皆自得的看法，至于其他往生轮回、斋戒杀生种种佛家观念，均与天主教教理相悖，而令利氏无从退让之余，只好披挂上阵，与群儒佛僧相互厮杀。

但是关键在于利氏本人对佛教在华的了解与误解，因而忽略了释道两家与儒学的互补关系。佛教虽为外来宗教，但自汉代入华以来，涓滴不绝，千丝万缕，已经紧密连接为汉文化的一部分。这种化整为零的缓慢渗透，西方历史学者 Joanna Waley-Cohen 称之为“零碎喂食方式”（piecemeal fashion），非常恰当。[33] 因为早期佛教入华，是僧侣、行者、旅商等人片段式地断续地把教义输入及翻译，以支流身份融汇并配合儒学主流的发展延续，这无疑是一种低姿态及附从身份，从来没有取代儒学野心，只有在可能范围内，把儒学“释化”，正如道家（尤其庄子）想把孔子“道化”一样。经过长期依附并发展，佛老思想与儒学不知不觉已成为一种“文化凝集”（cultural conglomerate），作为面对生命种种迷思或奥秘（明士大夫关心之所谓“生死大事”）的哲学解释与态度。尤其儒士的耿介性格，往往无法妥协或屈服当道，而不容于朝廷核心，一旦流放边缘，除了认同屈骚传统，就经常依赖佛老的离世无为思想以作超越和慰藉。这种微妙认同调适，与其看作宗教皈依，倒不如看作意识形态的融汇（ideological synthesis）。

利玛窦可能却不作如是想，至少，在天主教教义入华过程，尤其是附儒认同，利氏所面临的不只是与儒家学说折中，还有上述佛家教义冲突。也就是说，假如儒学为正统，佛教为异端，则以唯我独尊的罗马教廷及其唯一教义作依归的利氏，如何让儒生弃释转教，其间并无任何妥协余地，虽有成功例子如杨廷筠，然广义来说，实在非常艰苦。另一方面，本来井水不犯河水的佛教，反对诠释，不落言诠，一旦受到抨击，自然奋起反抗了。

利氏抵北京后，于万历三十一年（1603）刻印《天主实义》。资料显示，利氏早于万历二十三年（1595）在南昌时，除了写下著名的《记法》《交友论》等著作，翌年又完成《天主实义》手稿，并找到当地白鹿书院院长章本清润色修改其中文字。《南昌府志》说章为人“自少迄老，口无非礼之言，身无非礼之行，交无非礼之友，目无非礼之书”[34]。如果此是属实，则万历二十四年（1596）之初稿，自是可推论为简单义理，而未尖锐针对儒释学说作申驳，不然章氏儒家非礼之德，漫然无存矣。《天主实义》原版共两卷八章，以中西两士互相问答体裁，篇目顺序如下：

首　篇：论天主始制天地万物，而主宰安养之

第二篇：解释世人错认天主

第三篇：论人魂不灭大异禽兽

第四篇：辩释鬼神及人魂异论，而解天下万物不可谓之一体

第五篇：辩排轮回六道、戒杀生之谬说，而揭斋素正志

第六篇：释解意本不灭。并论死后必有天堂地狱之赏罚，以报世人所为善恶

第七篇：论人性本善，而述天主门士正学

第八篇：总举大西俗尚，而论其传道之士所以不娶之意，并释天主降生西土来由

纵观各篇篇名，已知所谓实义，已非一般入门教理问答

（catechism），而是以天主教理，纠正阐释中国传统文化及宗教的许多观念，所以虽是一问一答（中士问，西士答），然一攻一守，有如兵家行军，锋镝迫人。更因利氏对儒家经典熟悉，旁征博引，“随手抄来，都成妙谛，利氏胸中，盖于经籍烂熟，故能左右逢源，俯拾即是”[35]。《实义》强烈推理辩证，除了令当时士人赞佩不已，其对儒典的强烈附会，从而隔离佛道教义，更使儒生心生亲切。譬如中士如此问：

> 吾中国有三教，各立门户：老氏谓物生于无，以无为道；佛氏谓色由空出，以空为务；儒谓易有太极，故唯以有为宗，以诚为学。不知尊旨谁是？
>
> 西士答曰：
>
> 二氏之谓，曰无曰空，于天主理大相刺谬，其不可崇尚明矣。夫儒之谓，曰有曰诚，虽未尽闻其释，固庶几乎。
>
> 接着又曰：
>
> ……余尝博览儒书，往往憾嫉二氏，夷狄排之，谓斥异端，而不见揭一巨理以非之。我以彼为非，彼亦以我为非，纷纷为讼，两不相信，千五百余年不能合一。使互相执理以论辩，则不言而是非审，三家归一耳。西乡有谚曰“坚绳可系牛角，理语能服人心”。敝国之邻方，上古不止三教，累累数千百枝，后为我儒以正理辨喻，以善行默化，今唯天主一教是从。[36]

上面两段大意是，释道的“空无”与儒家的“诚有”不同，儒家之道，庶几近乎天主之理。而千百年来，儒家排斥释道，多以外族夷狄及异端来排斥，而未能与之对话。假如执理论辩，是非皆归诸一种真理罢了。

值得注意的是“余尝博览儒书”，指的当是中华儒学经典。但“后为我儒以正理辨喻”，却是西方圣哲的儒，而非中国孔孟的儒。这种认同，比早期罗明坚在肇庆撰写的《天主实录》(1584)一书内以“僧”称，又迈进一大步。[37]同时在博引儒书中，利氏让人感到的是他有如夫子自道，在礼崩乐坏之际，述而不作，紧紧追随的乃是尧舜古典先王之道，用以证明“吾天主，乃古经书所称上帝也”。[38]也就是孔子在《中庸》内“郊社之礼以事上帝也”的上帝。

但是，坚绳固可系紧牛角，真理可以越辩越明吗？许多时候，是是非非，诚如利氏所言，我以彼为非，彼亦以我为非，最后成为“两不相信”。《实义》及《畸人十篇》先后出版后，除了翰林院编修黄辉、进士虞淳熙及晚明名僧达观真可（即紫柏真可，1543—1603）、憨山德清（1546—1623）等人有所反应外，还有云栖袾宏（1535—1615，又称莲池大师）的争辩。其中又以虞淳熙及袾宏两人最具代表性。

虞为江南名士，并为虔诚佛教徒，所以利氏面临的第一度关卡，不是佛教僧人，而是皈依佛教的儒生，亦即黄辉、虞淳熙等人。而当初利欲以西学吸收虞氏入教，非常明显，及至邀虞为《畸人十篇》作序，更是神来之笔。然虞亦非等闲人，在“虞德园铨部与利西泰先生书”函件中，即已道出婉拒学习之意：“越人君子数为不佞言，利西泰先生非中国人，然贤者也，又精天文、方技、握算之术。何公露少参得其一二，欲传不佞，会病，结辖眩瞀，不果学，亦不果来学，时时神往左右，恍石交矣。”跟着词锋一转，委婉道出佛教东传，必有过人之处，利氏自应先遍读佛藏，方可攻佛，而“未可以一人之疑，疑千人之信也”[39]。因为当年玄奘取经，“白马东来，香象西驾，信使重译，往来不绝，一夫可欺，万众难惑，堂堂中国贤圣总萃，谓二千余年之人，尽为五印诸戎所愚，有是事哉？”[40]

虞函内的和解观念极强，而且态度客观，亦即利玛窦在复函中所谓的“而无胜气”[41]。不作意气之争、异中求同，本是儒家互补之道，虞甚至提到阅读《畸人十篇》时，掩卷而起，认为书中许多地方，实与佛意相符。

利玛窦之回绝虞淳熙，宗教上基本教义的分歧，多于东西文化异同。至少，利氏恭奉上帝为唯一真主，便无从妥协。但他的抗辩，仍以附儒观点来拒释，他说：

> 尧舜周孔皆以修身事上帝为教，则是之。佛氏抗诬上帝，而欲加诸其上，则非之。窦何敢与有心焉？夫上帝，一而已，谓有诸天，不诬乎？渺小人群，欲加天帝之上，不抗乎？[42]

由于这种回绝，进而发展为两教教义的争锋，方豪更称虞氏所著的《德园集》60卷，“实为反天主教之先河”[43]。虞淳熙本与祩宏为杭州同乡，更因宗教信仰而相交甚密。祩宏所撰写之《天说四则》（《天说一》《天说二》《天说三》及《天说余》），均为对天主教教义的批判，后收入《竹窗三笔》（1615）一书中，学者如王煜、查时杰等人均有专文讨论，在此不拟重复。[44]现仅试从斋素（fasting）一项，以追踪抗拒与适应（accommodation）过程中思想错综复杂之处。方豪神父研究天主教适应儒家学说时，曾指出“适应”与“依托”的不同，他以一个局内人的身份，语重心长地说：

> 一个宗教，要从发源地传播到其他新地区去，如果它不仅希望能在新地区吸收愚夫愚妇，并且希望获得新地区知识分子的信仰，以便在新地区生根，然后发荣滋长，那么，它必须先吸收当地的文化，迎合当地人的思想、风俗、习惯；第一步，也是最重要的一步，是借重当地人最敬仰的一位或几位先哲的言论，以证实新传入的教义和他们先辈的遗训、固有的文化是可以融会贯通的，是可以接受的，甚至于还可以发扬光大他们原有的文化遗产，那就更受新传教区人民的欢迎了。这就是本文所说的“适应”。
>
> ……
>
> “适应”虽难免有“借重”的嫌疑，可是“适应”仅限于学术思想方面，而不是势力上的“依托”；在我国宗教史上，宗教间彼此依托的史实，可谓“数见不鲜”……唐代景教经典中大量采用佛教名词，甚至以“佛”称“天主”，也有依托的气味。[45]

但是无论就佛教依托与儒学的适应，天主教都有难言之隐，当年（1595）利氏自韶州往南京时，留须蓄发，弃僧衣，改儒服，固是因势利导，由依托佛教的“番僧”摇身一变为文化分子的“儒僧”。同时也是入华后，数年来学习中国思想、风俗、习惯之余，身受儒家的潜移默化而做出适应。以他聪颖过人的资质及历练，很快便会发觉晚明士人并非个个皆是李贽或瞿太素。尤其宋明理学，与释道两教思想吸收互补之处极多，最明显莫如尊崇《易经》及太极之说。二程与朱熹宇宙之“理”，更取华严宗义理甚多，则自难为利氏所接受。又如斋素，亦多受佛教戒杀生影响。

利玛窦最犀利策略，就是上溯古经先王之道，以先儒反驳近儒。也就是说，他企图绕避（bypass）当世学说的统御强势，而追溯佛教入华前的古圣思想。如此一来，在另一文本便可能找到与西方教义更多的融汇点。[46]本来西方古犹太宗教并无戒杀牲畜，尤其是极具教义象征的祭祀仪式。《旧约·出埃及记》第12章内载耶和华制定逾越节（Passover）之礼时，晓谕摩西说：

> 你们预备羔羊，要按着人数和饭量计算，要一岁健康的公羔羊。或从绵羊里取，或从山羊里取都可以。要留到本月十四日，在黄昏的时候，以色列族社把羔羊宰了，各家要取点血，涂在吃羔羊的房屋左右的门框和门楣上……这是耶和华的逾越节，因为那夜我要巡行埃及土地……无论是人是牲畜，都击杀了……这血要在你们所住的房屋上作记号，我一见这血，就越过你们去。
>
> （《出埃及记》第12章）

因而羔羊、血、祭祀在基督教教义中拥有非凡的象征意义，一直到基督降世为人，以他的圣血来补赎世人的罪恶，甚至耶稣圣洁形象，也常以带着光环的神圣羔羊（paschal lamb）作为代表。而罪人往往就像一群迷途羔羊，需要圣子以人子或羔羊的同类身份，沥血救赎。就连最具神秘象征的《启示录》，显示在约翰幻象里的书卷与七道封印，亦唯有羔羊能去揭开那神秘预言未来的七封印。当那像被杀过的羔羊出现时，有数千万天使的声音这般歌颂——“曾经被宰杀的羔羊，是值得接受一切权力与纡贵，巧心与神勇，荣誉与荣耀，及荣福的”。（《启示录》5：12）如此重大的祭仪与教义，利玛窦又如何能轻易放过。

《畸人十篇》第六篇“斋素正旨，非由戒杀”内，亦有一段利氏与李之藻的对话：

> 李水部设席招余，是日值教中节日，余食只蔬果而已。李子曰：“贵邦不奉佛，无杀牲戒，而子斋素，何也？”余曰：“岂独敝国，中国自三代以前，佛教未入，悉不奉佛也，皆以太牢事上帝，悉不戒杀牲也。然而祭之前有散斋，有致斋，斋者悉不饮酒，不茹荤；今所见士大夫，遇郊社大典，咸断酒肉，出居官次；是则斋素之义，不由释氏始，不以杀牲故，明矣。”[47]

也就是说，佛教未入中国前的古礼祭祀，是悉不戒杀牲畜的。然而释家茹素，却与戒杀众生、六道轮回有密切关系。然而轮回观念，有违天主教教义内的灵魂不灭以及基督降世、受难并复活的本旨。因此，利氏认为如果斋素之义，始自释家之戒杀牲口，是有问题的，因为西方教义将众生灵魂分为三品：

下品名曰生魂，即草木之魂是也，此魂扶草木以生长，草木枯萎，魂亦消灭；中品名曰觉魂，则禽兽之魂也，此能附禽兽长育，而又使之以耳目视听，以口鼻啖嗅，以肢体觉物情，但不能推论道理，至死而魂亦灭焉；上品名曰灵魂，即人魂也，此兼生魂、觉魂，能扶人长养及使人知觉物情，而又使之能推论事物，明辨理义。人身虽死，而魂非死，盖永存不灭者焉。凡知觉之事，倚赖于身形，身形死散，则觉魂无所用之，故草木禽兽之魂依身以为本，情身殁而情魂随之以殒。[48]

如此一来，利氏不但在灵魂品级上全面否定彼此的直接关联，更否定了进一步的相互轮回转世，这是佛教教理所无法接受的。按照天主教教义，由于禽兽为中品觉魂，形存神在，形亡魂殒，更无轮回威胁（亲属转世为牲畜），则用之、杀之、祀之、食之均无妨，这本就是天地万物互相为用的本意。利氏在《实义》另一章《辩排轮回六道，戒杀生之谬说，而揭斋素正志》内又说：

试观天主生是天地及是万物，无一非生之以为人用者。夫日月星辰丽天以我照也，照万色以我看也，生万物以遂我用也。……故我当常感天主尊恩，而时谨用之。鸟兽或有毛羽皮革，可为裘履……或有美味，能育吾老幼，吾奚不取而使之哉？……且自古及今，万国圣贤咸杀生食荤，而不以此为悔，亦不以此为违戒，亦岂宜罪圣贤以地狱，而嘉与二三持斋无德之辈，跻之天堂乎？[49]

然而利玛窦并非荤食拥护者，相反，由于经常斋素，他继续解释斋素的三种目的。那就是：（1）忏悔式的贬食减餐，取其粗陋淡素，以求上天赦免已过；（2）淡饮薄食，以遏制肉体的血气私欲；（3）培养烦劳俭约习惯，远离美馐厚膳，则自然身手矫捷不凡，趋赴义理，有如良种猎犬之趋捕猎物。最后利氏指出，“夫戒口之斋非斋也，乃斋之末节也；究斋之意，总为私欲之遏，不可不敦不尽矣。是以持斋而舍戒，譬如藏璞而弛其玉，无知也。”不可不敦不尽，就是倾其全力之意；藏璞弛玉，也是舍本逐末，买椟还珠，终非本意。这几句话可圈可点，有如庄子强调的“心斋”。

在《庄子·人间世》里，颜回向孔子辞行，要前往卫国谏劝卫君治国之道。孔子问他是否有备而往，颜答以一大堆虚泛的“和天同类”“和人同类”“和古同类”的方法。夫子说那是不够的，因为颜回“师心”（犹如今日所谓的“主观”）太重，必须斋戒。

> 颜回曰：“回之家贫，唯不饮酒，不茹荤者，数月矣，如此则可以为斋乎？”曰：“是祭祀之斋，非心斋也。”回曰：“敢问心斋？”仲尼曰：“若一志，无听之以耳，而听之以心，无听之以心，而听之以气；听止于耳，心止于符。气也者，虚而待物者也，唯道集虚，虚者心斋也。”[50]

不只身体器官，就连心的感应，也仅止于变幻无常的符号辨认，如果不彻底去除执见，使心灵虚空透彻，那又如何看到事物的真相呢？因此戒口之斋，有如祭祀之斋，是不够的。物质实体私欲之遏止，也就同时开始空灵修养的心斋。利玛窦的斋素二志，正是趋向心斋的准备功夫，因为戒口之斋非斋也。

（四）结论

事过境迁，我们也许会惋惜，认为基督文明入华策略，应可更具有和其他宗教较大的隔离性或妥协性。从虞淳熙到钟始声的礼佛儒生，其反应自不会如此激烈。[51]观念异同之妥协，自应异中求同，而不是取异攻异。但当我们读到利氏复祩宏和尚一信内几句话——“我以天主为主，汝以佛为主，理无二主，即无二是”[52]，我们便知道，这是没有结果的辩论，因利氏已亮出他的底牌，以传播福音为其首务。祩宏激进的嘲骂言词是佛僧例外，到了后来，钟始声找他的童年好友际明禅师助阵时，际明的反应是：“山衲既弃世法，不必更为辩论，若谓彼攻佛教，佛教实非彼所能破。”[53]这是佛教一向调和观照的态度。

终利氏一生都不知道无论他如何与佛教势不两立，有神论的佛教徒不是他真正的对手。无神论的儒生，尤其是礼仪之争，才是迫害宗教的元凶。入清后的许多教案，譬如康熙朝“历案”，均与佛教无关。这真是一个巨大反讽，从利玛窦附儒开始，便一直遭受教内保守势力反对，利氏力排众议，以“天儒合流”去对抗“释儒合流”，但仍无法力挽教廷与儒家对立的狂澜，造成日后在华传教的挫败，这可能是利氏排佛之余，非始料所及之处。[54]

注 释

[1] 利玛窦 . 利玛窦全集 . 刘俊余，王玉川，译 . 台北：光启出版社，1986：307。

[2] 查时杰 . 明末佛教对天主教的“辟邪运动”初探 //“国立”中央大学共同学科，主编 . 明清之际中国文化的转变与延续学术研讨会论文集 . 台北：文史哲出版社，1991：493。李氏此段文字实出自其著作《续焚书》，中华书局 1975 年版。本文参考其他资料后，仍有改正，譬如“数十人群聚喧杂”，查文引为“数千人”，当是笔误。“旁”原作“傍”，指旁人也。

[3] 同 [2]，第 331 页。罗光《利玛窦传》内亦有这样的记载：“船至济宁，利玛窦听说友人李卓吾居住在城内，遣人往约，愿得一见，共商进京大事。卓吾那时住在漕运总督府的隔壁，和当时的粮道刘东星友善。卓吾听说利玛窦来到，立即走告刘粮道，粮道随即遣轿一乘，接玛窦进府。利玛窦告别回船，随后有粮道府差人上船送帖，报告刘粮道偕李卓吾当天要登舟回拜。不一时，岸上即有锣响，粮道轿子已到码头，玛窦率庞迪我出迎。刘粮道和李卓吾登舟，玛窦出示进贡礼物。李卓吾问及玛窦的进贡表章，玛窦捧出，刘东星和李卓吾看后，嫌文字欠妥，稍加删改，携回府中，令书吏誊清。”可见利、李交情之水乳交融。

[4] 同 [2]，第 333 页。另见史景迁（Jonathan Spence）.*The Memory Palace of Matteo Ricci.Penguin Books*，1983：256。此书有两种中译本：一为孙尚阳、王丽丽和译《利玛窦的记忆之宫》，台北辅仁大学 1991 年版；另一为王改华译《利玛窦传》，陕西人民出版社（内部发行）1991 年版。孙、王合译本较准确。

［5］香港百姓半月刊 .1985（96）:16。此处取自刘述先《由中国哲学的观点看耶教的信息》一文，见深圳大学国学研究所主编《中国文化与中国哲学》，东方出版社 1986 年版。

［6］同［5］，第 510 页。

［7］有关基督教与儒学的复杂关系及接受与拒斥，可参阅孙尚扬《明末天主教与儒学的交流和冲突》，台北文津出版社 1992 年版。此书的大陆版另名为《基督教与明末儒学》，东方出版社 1994 年版。

［8］李贽认为“厥初生人唯是阴阳二气，男女二命，无所谓一与理也，而何太极之有？以今观之，所谓一者果何物，所谓理者果何在，所谓太极者果何所指也？”《焚书》三，亦见《温陵集》八之《夫妇论》，此段文字乃转引自萧公权《中国政治思想史》（下），台北联经出版社 1982 年版。

［9］同［8］，第 607 页。

［10］同［8］，第 607 页。

［11］张错 . 基督文明的明清入华策略 . 当代，1998：129~130.

［12］同［8］，第 619 页。

［13］同［2］，第 493 页。

［14］同［2］，第 491 页。

［15］同［2］，第 491 页。

［16］同［1］，第 312 页。

［17］方豪 . 中西交通史（下）. 台北：中国文化大学出版部，1983：995。

［18］同［17］，第 995 页。

［19］同［17］，第 998 页。沈德符《野获编》谓利氏“性好施，

能缓急人，人亦感其诚厚，无敢负者”。

［20］同［17］，第995页。

［21］同［2］，第498页。其资料乃取自方豪《中国天主教史人物传》第1册，香港公教真理学会,1967年版。

［22］Vincent Cronin.*The Wise Man from the West*.London:Rupert Hart-Davis,1955。

［23］云先·克鲁宁.利玛窦传.思果，译.香港公教真理学会，1964。

［24］同［1］，第313~314页。

［25］这方面的看法可参阅罗素（Bertrand Russell）的《西方哲学史》（*A History of Western Philosophy*.London：George Allen & Urwin，1955）第2卷《天主教哲学》。罗素指出，圣奥古斯丁对上帝永恒性与时间的观念是：“时间是在创世的同时被创造出来的。上帝，在超时间的意义上来说，是永恒的；在上帝里面，没有所谓以前和以后，只有永远的现在。”此段采用何兆武、李约瑟译《西方哲学史》上卷，商务印书馆1996年版。

［26］同［1］，第314~315页。

［27］《金刚般若波罗蜜经》，“正宗分一，分二”，此处文本乃引自新译《金刚经》，台北三民书局1997年版。

［28］此处再引罗素一段话：“用亚里士多德的例子，如果一个人制造了一个铜球，那么铜便是质料，球状便是形式；以平静的海为例，水便是质料，平静便是形式。”利氏亦曾用铜球作比喻以证造物之神奇。他说：“凡物不能自成，必须外为者以成之……知此，则识天地不能自成，定有所为制作者，即吾所谓天主也。譬如铜铸小球，日月星宿山海万物

备焉，非巧工铸之，铜能自成乎？况其天地之体之大，昼夜旋行，日月扬光，辰宿布象，山生草木，海育鱼龙，潮水随月，其间圆首方趾之民，聪明出于万品，谁能自成？”这段话间接回应了三淮的问题，见《天主实义》第 1 章。

［29］［48］［49］利玛窦 . 天主实义（第 4 章）// 李之藻，辑 . 天学初函（一）. 台北：学生书局。我这里采用中英对照的版本，*The True Meaning of The Lord of Heaven*.edited by Edward J.Malatesta, S. J. ,St. Louis, *The Institute of Jesuit Sources*, 1985： 212。

［30］同［1］，第 315~316 页。

［31］同［29］，第 356 页。

［32］王煜 . 明清思想家论集 . 台北：联经出版社，1981。

［33］Joanna Waley-Cohen.Sextants of Beijing: *Global Currents in Chinese History*.New York: Norton,1999：89。

［34］罗光 . 利玛窦传 . 台北：学生书局，1983：82。

［35］同［34］，第 173 页。

［36］同［29］，第 98~100 页。

［37］但是后期重新刻印重订出版于万历甲申的《天主圣教实录》已无“僧”字，见《天主教东传文献续编（二）》，台北学生书局出版，第 758~838 页。在第 811 页内提到“乃天主自降生于世界而亲自教人，彼时至今，有一千五百八十四年矣”。足见是书原成于 1584 年。

［38］同［29］。

［39］利玛窦 . 辩学遗牍 // 李之藻，辑 . 天学初函（二）. 台北：学生书局，第 637 页。方豪先生指出，越人君子，李之藻及杨廷筠呼之欲出。见方豪《李之藻研究》，台北商务印书馆 1996 年版。其实李之藻、杨廷

筠、虞淳熙、袾宏均为杭州乡里，皆是私交熟识，也就解释了李之藻为何辑集《辩学遗牍》一书。

［40］同［39］，第639页。

［41］《利先生复虞铨部书》，同［39］，第643页。

［42］《利先生复虞铨部书》，同［39］，第644页。

［43］《李之藻研究》，同［39］。

［44］同［2］，第203页。王煜有专文《明末净土宗莲池大师云栖袾宏之佛化儒道及其逼近耆那教与反驳天主教》，见注［32］。王氏在文中指出，有关利氏与袾宏轮回之辩，“谐趣的是：双方皆争取儒门。利氏斥轮回以维护五伦，袾宏佛化了儒家伦理之忠孝仁义，再诉诸先秦儒学的天道观”。

［45］方豪.明末清初天主教适应儒家学说之研究//方豪六十自定稿（上册）.台北：学生书局，1969：203。

［46］此点可参阅 Bernard Hung-Kay Luk(1988). *A Serious Matter of Lifeand Death: Learned Conversations at Foochow in 1627*. in East Meets West:The Jesuits in China 1582—1773, ed.Charles Ronan and Bonnie Oh.Chicago：Loyola University Press。陆氏（Luk）于是页指出：“In the intellectualsphere, the Jesuits took the position that there was nothing incongruous between Catholicdoctrines and what the yheld to be the ‘pristine’ Confucianism of the Classical texts. Anything in contemporaneous Confucianism that conflicted with their teaching, the missionaries attributed to a corrupted transmission of the doctrines of the Chinese sage.…The Jesuits contended that they were attempting to restore the original Confucianism and to bring it to its fruition.”，1988：174。

［47］利玛窦．畸人十篇 // 天学初函。

［50］黄锦铉．庄子读本．台北：三民书局，1996：83。

［51］钟始声（振之）著有非常完整的批判天主教著作《天学初征》及《天学再征》（写成于 1627 年之后），收入《辟邪集》内，此书后由方豪神父提供，重印于台北学生书局《天主教东传文献续编》（一）。方豪认为重印此反教书籍，“可与教史相参证，可见疑忌者之心理”。其气度可与当年李之藻附录虞淳熙信函及《畸人十篇》序文一样。

［52］利玛窦．利先生复莲池大和尚“竹窗天说四端”// 天学初函（二）．台北：学生书局，第 654~655 页。

［53］《际明禅师复柬》，见注［50］，第 910 页。

［54］学者称这种挫败为“辛酸”。洪铭水．中西文化交流的辛酸——就耶稣会士与明末士绅的论辩谈起 // 吴志良，编．东西方文化交流——国际学术研讨会论文选．澳门：澳门基金会，1994：315。

比较文学篇

五、自强与启蒙
——前五四文学转型心态与现象

（一）前言

五四运动不能被视作单纯文学运动是人所共知的，然而五四运动史的文学特征不能单纯被视作新旧文学或是文言与白话“文本”的分界线，却或有待于“新历史主义”（new historicism）观念作进一步澄清。因为异于传统文学批评理论的文本实践（textual practice），新历史主义强调过往与现在文本（或文体）交错、对立与发展下的一种新阅读。换句话说，如果单纯以文言与白话作为过往旧文学进入现在新文学的历史发展，我们自不应忽视穿插在这段文学史中间种种错综复杂的“小”历史事件（histories），以及这些事件发生中承前继后、启迪孕育的构成作用。在这方面福柯（Michel Foucault）的影响是明显的，因为他是百年来第一人把世间视为真理替身的知识，看作操纵历史机制的权力意志——从知识的认定产生权力，再从权力的操纵产生历史的种种机制与惩罚机器。更由于福柯对种种权力机制的历史追述以及自这些追述，亦即上述的“小”历史事件所产生的历史话语（discourse），使我们更能扬弃大而化之的总体拱形叙述（overarching narratives），另由许多历史对立事件中更能突显出“他者”（other）的意义，这些论述不只与后殖民主义和新女性主义互补呼应，同时对研究晚清与民国初期的文学历史发展理论有启发含义。

（二）“前五四文学心态”剖析

五四前期最强烈的文学特征是翻译与小说。清末所谓“谴责小说”，已开启这时期文学话题之端倪。鲁迅在《中国小说史略·清末之谴责小说》中就首先指出：“光绪庚子（1900）后，谴责小说之出特盛。盖嘉庆以来，虽屡平内乱（白莲教、太平天国、捻、回），亦屡挫于外敌（英、法、日本），细民暗昧，尚啜茗听平逆武功，有识者则已幡然思改革，凭敌忾之心，呼维新与爱国，而于‘富强’犹致意焉。戊戌变政既不成，越二年即庚子岁而有义和团之变，群乃知政府不足与图治，顿有掊击之意矣。其在小说，则揭发伏藏，显其弊恶，而于时政，严加纠弹，或更扩充，并及风俗。虽命意在于匡世，似与讽刺小说同伦，而辞气浮露，笔无藏锋，甚且过甚词，以合时人嗜好，则其度量技术之相去亦远矣，故别谓之谴责小说。”[1]

鲁迅为人心思缜密，笔带机锋，上面一节，细读之下其意颇显，细民暗昧与有识之士的对立，更令识者会心微笑。如果按照路易士·蒙托劳斯（Louis Montrose）新历史主义名句申义而作“历史性之文本”（the historicity of texts）与“文本之历史性”（textuality of history）互补来看[2]，则从历史现象而言，从鸦片战争到五四运动的80年来，中国可谓内忧外患，动荡不安。郑振铎作清末小说时曾指出这80年间：

在中国历史上起了根本的变化，整个连根动摇了中国两千多年长期的传统社会。这是外国帝国主义不断侵入、包围圈日紧一日的时期，是从传统社会想发展为资本主义社会而又不能的时期。这中间有许多次大的变动，但从农民革命到国父领导的民主革命都失败了，始终没找出一条路来。[3]

那么这80年来有多少“小”历史事件促进谴责小说的兴起呢？除了鲁迅上述屡平的内乱，尤其是1851年至1864年漫长的太平天国兴起与被镇压外，其他“屡挫于外敌”的事件亦很多。总体来说包括：

1840年：鸦片战争

1860年：英法联军攻入北京，火烧圆明园

1864年：太平军救平

1885年：中法战争

1894年：中日战争（甲午战争）

1897年：德国攻占青岛、胶州湾

1898年：戊戌政变

1900年：义和团起义

1904年：日俄战争

1911年：辛亥革命

1913年：第二次革命

1914年：日本占据胶州湾

1915年：袁世凯称帝，与日本签订廿一条

1917年：张勋复辟

1919年：五四运动[4]

从上述图表追踪，则不难看出整个历史牵连，实已超前于鲁迅所指示之1900年庚子拳匪之乱。只不过是为了突出当时文体“谴责小说之出特盛”，鲁迅才把1900年当作标志罢了。按照阿英在《晚清小说史》内对这段史料的补充，我们不难看出，除了鸦片战争以后清廷“政治日趋窳败，官吏贪污媚外”，英法联军入京后，连割土地（1861），开让商埠（1876），更于光绪八年（1882），法取安南，据台湾，侵福建（1885）。而中日战争后，被日本割据台湾（1895），这期间清室的丧权辱国，实非“屡挫于外敌”五字所能形容。[5]

然而一切历史现象显示，清末谴责文类之兴起，实来自知识分子用之作工具对现状的抨击。口诛笔伐，小说成为付诸文字的口语化（如对话等）形式，此类谴责小说，在当时全部数量中占百分之九十以上，所以考其用意，政治谴责之匡世作用，实超出于文艺创作原意，容或作者有艺术企图，但直接警世意旨已凌驾于间接文心，所以才落入鲁迅“辞气浮露，笔无藏锋”之讥。然而缺点也是优点，因为这类强调科学态度以及社会生活，反对才子佳人式的小说，“反清、反官、反帝，反一切社会恶现象，有意无意地为革命起了或多或少的作用，无一不道中国小说走向新的道路，获得更进一步的发展”[6]。观诸后来五四文学的写实倾向，

尤其着墨于中下层阶段的反映以及对官僚士大夫阶级的嘲讽，即使连鲁迅作品也不例外。虽然说不上是谴责小说直接影响之功，但从清末到民初，文人对国家社会心态承先启后却仍是有迹可循。

因此，许多嬉笑怒骂，其实是伤心人别有怀抱。因为作者清楚，正如鲁迅在前提及，自经戊戌政变、庚子拳匪等动乱之后，“群乃知政府不足与图治，顿有掊击之意矣”，所以无论是直接的“谴责”，或是间接的“讽刺”，其目的至显，那是利用小说能为群众接受最佳媒体的阅读方式，以抒发忧国之情。这种“前五四文学心态”，值得我们在此作进一步探讨。

自 1840 年鸦片战争所签订丧权辱国的《南京条约》开始，西方冲击中国已是一项无可避免及无可转移的事实，“西洋人之入中国，为天地之一大变”一语，史家均认为并未过甚其词。[7]企图励精图治的“自强运动”却需鸦片战争五十多年后甲午之役的惨败才承担起民族主义的忧患意识，有些学者更认为“甲午战争的失败是个重要的转折点，中国知识分子开始从向西方学军械、学机器、学制度、学法律转到全面学习西方思想文化（包括文学艺术）。戊戌变法把康、梁为代表的维新派正式推上政治舞台的同时，也把他们为配合‘改良群治’而呼唤的‘新小说’推上文学舞台。1897 年的《本馆附印说部缘起》、1898 年的《译印政治小说序》标志着中国作家开始自觉地借鉴外国小说并创作不同于传统小说的‘新小说’”[8]。

这种小说叙事主题与形式的转变，不但清楚地显露了前述“前五四文学心态”的萌芽，更引证了以小说手段达到“改良群治”的目的。梁启超在《译印政治小说序》中断然指出，既然小说易获人心，则它的普及性及文娱性实可介入政治功能，“律例不能治，当以小说治之”，而当初欧洲各国变革之始，多为有识之士以其胸中理论抱负及经历，以小说形式叙说，进而影响各阶层民众，因此无论美、英、德、法、奥、意、日本各国的政治发达——“则政治小说为功最高焉”[9]。

当小说的政治目的与功能厘定以后，语言的求变亦是其一巨大关键，因为新小说既以大众为宣传教化的目标，则作者必须掌握大众语言的普遍性以达成任务，随而达到言文合一，与梁启超同期的狄平子（楚卿）指出，俗语文体的嬗进，是不可避免优胜劣汰的进化论，而“中国文字，衍形不衍声，故言文分离，此俗语文体进步之一障碍，而即社会进步之一障碍也……且中国今日，各省方言不同，于民族统一之精神，亦一阻力。而因其势以利导之，尤不能不用各省之方言，以开各省之民智，如今者《海上花》之用吴语、《粤讴》之用粤语，特借其内容之劝百讽一耳。苟能反其术而用之，则其助社会改良者，功岂浅鲜也？”[10]

“前五四文学心态”不只感时忧国，同时用心良苦，明明知道方言对民族统一的障碍，但为了珍惜其劝百讽一的功能，也以宽容的胸襟加以容纳。这种求新求变的心理，是中国士大夫阶层观念的一大突破。刘广京在论及中国历史转型期的知识分子角色时曾这样指出：

> 自强运动的具体成就，仅是在表层上采用西方科技而且成效不彰。但是，自强运动目标则为一些没有直接影响政策施行的士大夫及官绅阶层所共同参与。这些人……也包括没

有机会影响决策的低阶官员以及还未获取功名或一官半职的年轻学者。这些人在官绅阶层中仍只是少数中的少数，但他们是促使“变”的激素，因为他们对完成民族主义的目标，在方法上有着宽广的视野。再者，他们之中有人真正受新价值观念的影响，不仅仅关心国家的富强，同时关怀社会和个人的解放。[11]

这类决定型先驱者介入角色的呈现，引证了五四时期知识分子感时忧国的独特“介入”精神，在讨论五四精神时，林毓生也不约而同地响应了刘广京对知识分子在自强运动中的民族主义爱国使命感心态，远远超过了西方科技成效或政治体制的影响。林毓生说：

什么是五四精神？那是一种中国知识分子特有的入世使命感。这种使命感是直接上承儒家思想所呈现的“先天下之忧而忧，后天下之乐而乐”与“家事、国事、天下事，事事关心”的精神的；它与旧俄沙皇时代的读书人与国家权威与制度发生深切的“疏离感”（a sense of alienation），因而产生的知识阶级(intelligentsia)激进精神，以及与西方社会以“政教分离”为背景而发展出来的近代西方知识分子的风格，是有很大出入的。这种使命感使中国知识分子以为真理本身应该指导政治、社会、文化与道德的发展。我们这些追求真理的人看到了政治上、社会上的不合理现象，便极感不安，深觉自己应该加倍努力，一方面觉得应该参与爱国运动，另一方面觉得自己的工作与国家前途甚有关联，只要把它做好便是救国之一途。[12]

值得注意的是其中的时间差距。林毓生的中国知识分子是民国时期的爱国主义者，刘广京在自强运动强调的“变”的激素，却仍是那些既知清室不可图治，然而又不能不在恨铁不成钢的心理上，提倡维新爱国的仁人志士。因此，在“谴责小说”文类的呈现中，我们才看到一种非常独特的俳谐嘲讽风格。王德威曾以巴赫汀（M.Bakhtin）闹剧批评理论内的“嘉年华”（carnival）效应加诸谴责小说。那就是说，在晚清小说如《二十年目睹之怪现状》（吴趼人）或《官场现形记》(李伯元)内描述各种荒唐可耻的人物或场景里，其实是另一种“闹剧”形式，因此书中各类百家争鸣式的嘈杂喧嚣（heteroglossia）只是闹剧精神内“吵嚷喧闹的叙述方式中之一端而已”[13]，以上王氏之见，可视为鲁迅贬伐谴责小说多年来的一种翻身，对晚清小说重新评估犹如一袭寒衣重新披上彩袍，光芒夺目，令人精神一振。因为即使郑振铎在讨论中国小说传统中把小说分作不同时期的时候，也不免把从清乾嘉以后到现代这一时期看成中国小说的衰落期。虽然郑氏同样指出：“独有长篇小说……却另外开辟了一条特殊的路。这便是对于社会黑暗面的暴露与攻击。始于《蜃楼志》诸作，而以《二十年目睹之怪现状》《官场现形记》为全盛期的代表作。”[14]

巴赫金所谓百家争鸣式的嘈杂喧嚣，其实是强调讽咏小说形式内的一种“对话主义”（dialogism）。巴氏指出，语言的产生，无论在人类总体史或个人史的发展里，都是一种言辞的互动

（interaction），那就是说，语言的产生，不可能是个人自言自语，或各话各说；所以在小说范畴内，许多比较隐瞒互动性话语或“语调”（utterance），都必须借“对话”（dialogue）而产生。故事内人物各种对话，其实是言语（word）的互相套用、袭取、相承与影响。像一袭为众人分别使用的衣裳，言语就像中世纪那种将原有文字刮掉重新在上面书写的羊皮纸（palimpsest），无论在口语或书写行为里，充满着布兰姆（Harold Bloom）所谓被“影响的焦虑”（Anxiety of Influence）与不安。然而这种似负实正的语言行为，在小说的对话式（dialogic）运作里大放异彩，巴赫金断然指证——“具体社会意识形态的语言思维（language consciousness）”在创作中成为一种文学活动时，它发觉已被众声喧哗（heteroglossia）所环绕，而绝对不是一种清高的不可冒犯的单一语言。文学性的语音思维（linguistic consiousness）在无时无刻、无处不在（那是指历史能提供给我们所有的文学纪元里）的情况下，遇到的不是一种语言（language）。思维本身必须面临使用其中一种语言的选择（having to choose a language）。[15]

巴赫金继续以一个目不识丁的农夫的语言为例，在他整个口语运用过程里，其实可包括超过一种的多种语言环境，譬如他在教堂用一种语言祈祷（例如斯拉夫民族教堂用语），用另一种语言唱圣歌，再用第三种语言和他家人闲聊，然后以第四种书写语言请地方政府的书记写陈情状。以上多种语言活动，我们首先注意到的是农夫并非在对话状态下产生这些语言意识，他其实是身不由己地因应着不同环境而去选择及产生不同的语言行为。那是自动自发性的，而不是预设思维，因而他迟早也会在这些风马牛不相及的词汇及世界里去选择他个人意识系统最贴切舒适的语言。

一个目不识丁的农夫的语言选择尚且如此，文学的语言思维在这方面也就更“众声喧哗”了。观诸清末民初“谴责小说”社会政治意识作祟，语言多样变化绝不逊于巴赫金标榜的英国18世纪的诙谐小说。这些诙谐小说所牵涉的社会各种阶层人物的语言活动，西方语言的口语或书写语的交杂，倒有点像中国现代文学从文言进入白话转型期内的叙述形式，因此，无论在《官场现形记》或是《二十年目睹之怪现状》，那些贪官、师爷、奸商、恶仆，都在一种散漫章回（episodic）叙事形式下显露各类嬉笑怒骂、荒谬绝伦的人物背景。[16]在“白话”或“普通话”语言运作里，尤其在作者声音与书内人物“众声喧哗”的互动中，更处处呼应着巴赫金强调的“一致语言”（common language）；因为作者隐身在暗处以极冷酷理性的态度去处理这批作奸犯科、蝇营狗苟、插科打诨的贪官污吏时，常常不自觉以一种“语意及轴心逻辑意向”（semantic and axio-logical intentions）介入，但很快他就能在这批来自不同社会阶层人士中找出一种彼此均能共享的口语或书写语言。巴赫金曾以狄更斯的小说为例，仔细分析以上所谓“一致语言”的特征。五四前期从文言进入白话的许多小说叙述里，应该在风格上更能显露作者在作品内，切入与隐藏的语言操作，这是值得探讨与研究“谴责小说”的一个新方向。因为所谓“谴责”，其实是对传统的抗衡与离心。

（三）五四文学的转型

既然新历史主义强调过去与现在文本在漫长历史过程中的互涉，在上节的历史叙述中，我们又不难看出后来五四文学许多的忧时感世，其实与早期晚清小说谴责时事国难种种事件息息相关。则许多历史事件发生的性质与逻辑，自是显而易见归诸西方外力之侵入中国，遂更自然而然把 1840 年的鸦片战争视为中国新文学茁起的标志与分水岭。尉天骢曾把这段时期的文学社会现状，视为资本主义的侵略、农业社会的崩溃、商业文化的导引以及平民文学的介入。他指出：

> 鸦片战争是中国历史的一个重要转捩点，一方面中国封建社会的矛盾使它到达了一个非变不可的地步，另一方面西方世界的撞击更加速了它的变化。于是，在这两重力量的交互作用下，一个建基于农业经济、以士大夫为重心的宗法社会，便渐渐朝向一个以工商为主导经济、以大商人大资本家为重心的资本主义社会迈进。随着这种演变，中国文学自然也无法逃过这种历史的趋势。[17]

这是非常中肯而有见地的观察，因为从鸦片战争开始，一连串外敌入侵、丧权辱国的历史事件，包括上述鸦片战争、甲午战争（1894）以及八国联军入侵（1900），犹如一只大铁钟，不断敲击沉睡的中国，成为历史的吊诡！负面的入侵，带来正面的觉醒，更带着一种西方启蒙的憧憬。施蛰存把这种中西接触称为“亏本生意”，他指出，明清两代，五百多年，中国一直是一个闭关型的封建国家，“在同一时期，欧洲诸大国却经历了人文主义的文艺复兴运动、民主主义的法国大革命、资本主义的产业革命和无神论的科学思想，使许多本来是远远落后于我国的国家，迅速地超越在我国前面”[18]。

于是中国开始接触欧洲文化，随着耶稣会教士以及奉使来华的外交官，中国以指南针、火药、造纸、印刷技术，去换取欧洲人的天文、历法、数学、冶炼技术以及鸦片、鼻烟，而结果是“欧洲人用我们的火药制造了枪炮和炸弹，用我们的指南针发展了海运，用我们的造纸和印刷技术使羊皮、麻布和芦纸的手抄本得以大量用铅字排印。这些中国货使西欧一些国家获得了成为帝国主义者的能源……一次又一次地打破了我国的大门和围墙。面对优势的武力、先进的文化，于是朝野忧国之士大梦惊醒，认识到老大帝国的‘文武之道’已不中用了”[19]。

上面尉天骢与施蛰存的观察，分别代表了清末民初前五四文学转型心态与现象——自强的自我监督与文化谴责，启蒙的西方文化技术翻译与输入。

然而自强运动真的有如尉天骢那样演绎——随着商业城市（如扬州、上海等沿海都市）及资本主义的发展，市民阶级与工、农阶级扩大，形成了以市民生活意识形态的市民文化吗？答案却不尽然。随着印刷术的发展，晚清小说以及刊载小说的报纸与杂志相继应运而生，如梁启超办的《新小说》、李伯元编的《绣像小说》及吴趼人办的《月月小说》等，小说之为文类可谓极一时之盛，是中国小说史最繁盛的时代。阿英据《涵芬楼新书分类目录》

内约120种创作小说书目纠正指出，当时成册的小说至少在1000种以上，约三倍于涵芬楼所藏。[20]小说的风行除了与白话语文、新闻媒体等大众接触有密切关系，知识分子与平民大众仍然分隔着巨大的生活与意识鸿沟。尉天骢的观点是，鸦片战争后，海禁大开，沿海商业城市引发工人阶级的快速成长，农村溃败后更使农民大批被都市吸纳，“这些都要求着娱乐事业的出现，于是俗文学便迅速发展起来。梁启超在《清代学术概论》中感叹‘其向文艺方面讨生活者，皆第二流以下人物’，其另一方面的意义，可说是平民文学渐取代士大夫文学而起”[21]。

其实，梁启超在《清代学术概论》一书第31节内所感叹的是，本来前清一代学风，和欧洲文艺复兴时代颇多类似，但其最相异之处则是美术文学的不发达，不只诗歌衰落，小说除了《红楼梦》，皆不足挂齿，散文自龚自珍、谭嗣同以降，已了无生气。考其文学不发达的原因，主要是欧洲文字衍声，中国文字衍形而古今之差演变极微，而缺乏外来新文体的冲击。西方语文则不然，从希腊、拉丁等文字翻译演变，新语言文体层出不穷，而形成文学表现的多姿多彩。中国新文体之冲击除了六朝隋唐翻译佛经以及清末的西书中译，余不足观，这是其一原因。但梁氏随即指出：

> 由于字体变迁不剧，研读古籍，无待移译，能读懂《论语》《孟子》，自能读懂《水浒》《红楼》，故治古学者无须变其文与语，既不变其文与语，故学问之实质虽变化，而传述此学问之文体语体无变化；此清代文无特色之主要原因也。重以当时诸大师方以崇实黜华相标榜，顾炎武曰：“一自命

为文人，便无足观。”（《日知录》二十）所谓“纯文艺”之文，极所轻蔑。高才之士，皆集于“科学的考证”之一途。其向文艺方面讨生活者，皆第二流以下人物，此所以不能张其军也。[22]

从上文可知，梁氏所指的第二流以下人物，实是那些无法走出清代崇尚实学圈套的二三流作家，因为其他高才之士，都去做他们的科学考证了。梁的指证，呼应了鲁迅在其《中国小说史略》内对“谴责小说”的失望，更引证了所谓第二流以下人物，并非能像尉天骢所说的那样水到渠成地以平民文学渐取代士大夫文学。

但是“谴责小说”对五四小说启蒙的功劳可说是巨大的，虽然这些被梁启超封为二流以下的作家为世所轻蔑，但如本文第二节内指出从文言进入白话转型期的叙述形式的袭用以及作者隐在暗处以理性的冷酷、感性的诙谐来批判现实，仍然建立了在五四时期如顾炎武所谓“便无足观”的“文人”阶层，这种自儒家的“士”自我演变蜕化出来的社会知识分子是另一个研究五四文学的重要课题，因不在本文范围，遂不赘言。因此我们看出，文人（作者）与大众（读者）都慢慢自晚清到民国的小说推广中建立了，其实，晚清小说的许多诟病，都在其情节芜漫松散，人物替换流转令人眼花缭乱，再加上情节的失实夸张，都在在显露“第二流以下”品质，虽然接触面广，通俗性强，但说到它的政治功能，移风易俗，改革人心或改造社会，甚至启导群众运动如“反美华工禁约”文学作品之余[23]，都让人感到一大片空白，横亘在大众生活的民间疾苦，与一千多部带着强烈游戏文章的晚清小说之间。这种巨大鸿沟，即使发展到五四，仍然可以从李欧梵一度强调的五四文人的浪漫精神看出端倪。其中两种极端，普罗米修斯（Prometheus）式的勇敢进取、自强奋斗以及酒神狄俄尼索斯（Dionysus）式的对肉体、性灵的热爱，从中都可看出许多更大的鸿沟，李欧梵是这样观察的：

> “五四”的一股冲劲，把传统打倒了，“新文化运动”事实上形同真空，文士们一意歌颂爱情，发扬自我，庆祝再生，建筑理想的“空中楼阁”——社会主义、无政府主义、人道主义、托尔斯泰主义、世界语主义……却不能静下心来仔细思索一下自己于推翻了旧文化、旧社会、旧礼教后的新地位——知识分子的“零余”，与政治的脱节，对其他“劳苦大众”之不了解——以及有了这一个新地位如何做？他们对于这一种新地位、新角色的反应，除了少数人，大都是浪漫性的，所用“逻辑”非常微妙：一个“文人”比世上其他人“敏感”，可以感触到别人觉察不到的事物，因为自己是“先知先觉”而大众是“不知不觉”，所以总觉得“怀才不遇”……[24]

如果把这些描述重叠于晚清时空的文士心态，我们才蓦然惊觉这类“原型”（prototype）心态的延伸与调变。因此，我们一边欣喜于晚清小说的繁荣现象与政治介入，另一边也就默认了它许多转型心态的局限。

注 释

[1] 鲁迅. 中国小说史略. 香港：香港三联书店，1972：235。“谴责小说”一词，应始自鲁迅。

[2] Louis Montrose. 文艺复兴专业化：文化之诗艺与政治（*Professing the Renaissance:The Poetics and Politics of Culture*）//H. Aram Veeser，编. 新历史主义（*The New Historicism*），Routledge，1989：20。

[3] 西谛（郑振铎）. 中国文学中的小说传统. 台北：木铎，1985：118。郑氏在《清朝末年的小说》章内详细交代鸦片战争、太平天国、义和团事件、反对美国禁工运动等时期的小说、戏曲、诗歌等作品，是历史性文本的见证及研究整理，观念清晰正确。可惜台北木铎翻印版本于该章内竟漏印两页，未窥全豹，甚憾。

[4] 资料同 [3]，但我以年代把它图表化，以突出历史事件之层次。如需全面了解，读者宜参阅郭廷以《近代中国史纲》（上册）第 2 章《西方冲击》（上，1830—1850）及第 3、4、5 章《内部动乱》（上，1850—1860）、《西方冲击》（下，1850—1860）、《内部动乱》（下，1860—1877）。其中第 3、4 章时期重叠，更显出清政府内忧外患的困局。香港：香港中文大学，1980：45~183。

[5] 阿英. 晚清小说史. 香港：香港中华书局，1973：4。阿英和郑振铎的观念非常相似，而《晚清小说史》已成为研究晚清文学的经典之作。阿英更另编有《反美华工禁约文学集》，上海：中华书局，1960。

[6] 同 [5]，第 7 页。

[7] 同 [4]，第 1 页。

[8] 陈平原. 中国小说叙事模式的转变. 台北：久大，1990：6。陈氏强调1898年是一个重要分界线，因为“尽管在创作上外国小说的影响要到《新小说》创刊才明显体现出来，因此统计只能从1902年开始；可是中国小说叙事模式的转变仍必须溯源到1898年——梁启超、林纾等一代‘新小说’家正式登台表演”。

[9] 梁启超. 译印政治小说序 // 郭绍虞、罗根泽，主编. 中国近代文论选. 台北：木铎，1982：156。有关以小说作“改良群治”的论述，梁氏之《小说与群治之关系》一文已为人熟谙，可另参阅狄平子(楚卿)《论文学上小说之位置》、王无生《论小说与改良社会之关系》、陶曾佐《论小说之势力及其影响》等文。均见此注之《中国近代文论选》。

[10] 狄平子。同[9]，第236页。有关中国文字衍形不衍声之说，与梁启超所见甚近，可参阅梁著《清代学术概论》第31节。

[11] 刘广京. 十九世纪末叶知识分子的变法思想 // 余英时等. 中国历史转型时期的知识分子. 台北：联经出版社，1992：44。

[12] 林毓生. 五四式反传统思想与中国意识的危机——兼论五四精神、五四目标与五四思想 // 思想与人物. 台北：联经出版社，1983：122。

[13] 王德威. 从刘鹗到王祯和. 台北：时报文化出版公司，1986：74。

[14] 同[3]，第31页。

[15] 见巴赫金(M.Bakhtin)《对话想象》(*The Dialogic Imagination*) ed.Michael Holquist，University of Texas Press,1981。此书共分四部专辑，读者宜参阅第4辑“小说话语”(Discourse in the Novel)全部叙述。此为巴赫金除了在《马克思主义与语言的哲学》(*Marxism and the Philosophy of*

Language）一书以外，对语言哲理最详尽的叙述，并引出现代喜剧小说众声喧哗的现象。

［16］有关晚清小说之批评研究，可参阅旅居加拿大之捷克学者 Milena Dolezelova-Velingerova 所编之《世纪末中国小说》（*The Chinese Novel at the Turn of the Century*）一书，多伦多大学出版社 1980 年版。唯 Dolezelova 把中文之“谴责小说”称为“fiction of exposure”稍欠妥善，盖谴责之义不只暴露，更有斥责之意，窃思可译为 castigatory novels 或 fiction of castigation。

［17］尉天骢．鸦片战争前后中国社会与小说的转变 // 中国古典小说研究．台北：中华文化复兴月刊社印行，1977：382~383。尉氏后来重新修订该文，并辑成专著《市民社会与中国文学之转变》，台北帕米尔书店 1971 年版。

［18］施蛰存．道言．中国近代文学大系·翻译文学集一．上海：上海书店出版社，1990：3。本文在讨论启蒙部分并未论及翻译文学，拟他日另文专述，按照拙文的叙述逻辑，自强文学应指谴责小说的兴起，启蒙文学便需论及翻译小说的译介。此两条线索分别切入“新小说”的兴起，再直落五四时期的新文学现象。施蛰存亦指出：“从 1890 年到 1919 年这一段时期，是中国文化史上继翻译佛经以后的第一次翻译高潮。”

［19］同［18］，第 4 页。

［20］同［5］，第 1 页。

［21］同［17］，第 61 页。

［22］梁启超．清代学术概论．台北：台湾商务印书馆，1966：107。梁氏为广东新会才子，此节最后一句“所以不能张其军也”应为粤语，“张军”犹如“将军”，亦即象棋搏杀最后一着，向对手呼喊“将军”，

下着即可擒王，有如西洋棋之最后杀着（checkmate），有时即使未能擒王，亦可“将军抽车”。故此句之意，不能张其军，即不能达成目的之谓也。

［23］参阅［5］。阿英编有《中国近代反侵略文学集》，《反美华工禁约文学集》为第5集，其他分别为《鸦片战争文学集（二册）》《中法战争文学集》《甲午中日战争文学集》《庚子事变文学集（二册）》，均由中华书局出版，唯日久早已散佚绝版，现唯因静待出版界有心人之起死回生。

［24］李欧梵．五四文人的浪漫精神//周策纵，周阳山等，编．五四与中国．台北：时报，1979：307。“零余”一词，出自郁达夫的一篇短文，李氏指出，“零余者”（Superflous Man）作为19世纪俄国史上最重要的一个意象，首先出现于屠格涅夫的小说《零余者的日记》，指空虚颓废的19世纪俄国知识分子。

六、鱼身梦幻
——文学“变形”研究

《太平广记》第471卷《人化水族》中有“薛伟”一条[1]，内容取自《续玄怪录》，后来直接影响宋明话本，话本中有《薛录事鱼服证仙》[2]，就是以薛伟人化水族的故事而叙说成篇，《太平广记》原文可作原始资料（当然把《续玄怪录》看作原始资料亦可以），但是人化水族的故事很早便出现在先秦两汉的神话传说中了[3]，至于有关薛伟鱼服故事的发展，则可以从《薛录事鱼服证仙》及日本《雨月物语·应梦之鲤》两个故事得到印证[4]，并视为第二资料。本文就是以变形作主题进行重点研究，并比较早期与后期的鱼服故事，再对比中日故事的影响与异同。

关于变形的本质，中西学者都曾企图去分析变形背后的意旨与动力，卡西勒（Ernst Cassirer）强调生命不分种类，而为一个“不断连续的全体”（an unbroken continuous whole）[5]，所以没有任何事物具有固定不变的形体，而变形神话便成了“连续全体”进化过程中的表面具体化，乐蘅军再进一步把这种具体化分为动态与静态的两种变化，她指出：

一是力动的，一是静态的。所谓力动的变形，指从某种形象蜕化为另一种形象，包括人、动植物和无生物之间的互变。这也就是我们通常对变形一词所习指的意思。[6]

力动的变形在中国神话里，例如《庄子》内“北溟有鱼，其名为鲲”，再化而为鸟；《山海经》内《大荒西经》的“蛇乃化为鱼”等，“都是某一形体在生命的力动下，突然跃向另一个形体”[7]。乐蘅军更特别指出力动的变形除了时间的结构外，还必须具有“信心”的大前提，由于中国神话在变形过程中的动词或助动词失诸过简，她用西方奥维德（Ovid）《变形记》（*Metamorphosis*）内达佛妮（Daphne）变月桂树的生理感受来证明这种“信心”的过程，因为“简言之，这类变形既没有给我们任何证据，而仅在刹那之间形成，那么如果没有信心做内在动力是不可能成功的”[8]。

可是我们必须注意的是“信心”是一个意识性名词，而变形是下意识或潜意识的，虽然我们不能从动词过简的中国变形神话中探讨出从甲形变成乙形的动机，但非常明显地，在东西方的变形神话里，它们牵涉从已知的甲形变化到未知的乙形，因为它的变化不是一个意识主动而有选择性的活动，它无疑是被动而潜意识的，问题就是在变化之前或变化过程中，甲形只知自己仍为甲形，一直到全部转变为乙形时才知已为乙，如此又何来“信心”？这类原始变形，实在有异于后来章回小说的“魔术变形”，譬如《西游记》内孙悟空的72种变化，完全是一种意识活动，因为它知道要想变什么就变成什么。

那么如果原始变形不是意识性的“信心”活动，它又是怎样的一种动力呢？如果我们仍沿用上面达佛妮变月桂树的神话，我们知道这实是一种处于危机状态下的“自我焦虑”，换句话说，当一种生命形态被困于它本身的极限，而这些极限又无法解除当前的危机，再进而产生高度的焦虑感时，它的潜意识动作就是把目前的危机状态“转化”为另一种非危机状态，而唯一的转化力就是变形。

除了这种内在焦虑感产生外在的力动变形外，变形神话的产生也可以追溯自形体本身所蕴含的语言意义，换句话说，形体本身的名称定义与本性都可以在联想中产生变形，卡西勒在他的另一名著《语言与神话》（*Language and Myth*）中就不断旁征博引去证明，在语言与神话的背后，经常隐着一种潜意识的经验规范，譬如以上面达佛妮变月桂树的神话来看，德国学者麦克思·穆勒（Max Mueller）就曾详细追索名字在语言意义中所产生的潜意识神话活动，达佛妮是谁？她名字的语源是什么？从希腊文“月桂”的字义，我们追踪梵文“晨曦红晕”（Ahana）的字义，才明白为何晨曦的神话演变成月桂的神话，而与达佛妮本身自女人因男神阿波罗的追逐变形为月桂无关！因为当我们从“晨曦”的字义出发，我们很快就会发现，晨曦乍现，东方微明，然后太阳神升起（也就是为什么有阿波罗出现）追逐他的晨曦新娘，一直到这红晕满面的晨曦新娘消失在光亮的金色阳光中，再被大地母亲接受她的死亡。[9] 这种变形并非来自大自然现象的神话，更非来自异性相拒的神话，而是来自形体本身的语源，也就是说，达佛妮在希腊文之语源为月桂，而月桂之语源又可追溯到梵文“晨曦红晕”的语源，所以为什么晨曦不变形为地中海丝柏，而单单为月桂，是有一定的语言意义的。

但是在中国比较复杂（elaborate）的变形神话里，我们并不能从语源学中追究出更大的意义，我们除了从夏鲧的部首中得知鲧为鱼身而非为熊以外，所知便不多了，在“物化”的哲理性观念下却演变为最独特的变形神话。

因为大部分的变形神话都是单面性的演变，即是从甲形变成乙形，但在道家“物化”的观念里，包含着从乙形“回转”回甲形的过程。换句话说，假如单从甲变乙的结果中，它的意义是有局限性的，因为甲形取得乙形的身份后，它形体的意义已经从甲的旧形体转变成乙的新形体，但假如甲形经变化后又能回转成原来的甲形，则即使它重新拥有原来的甲形，实则已非原来的甲形，而同时拥有乙形的身份与意义，这种双面性的“吊诡”（paradox）在庄子的蝴蝶梦中表现得最为淋漓尽致：

> 昔者庄周梦为蝴蝶，栩栩然蝴蝶也，自喻适志欤？不知周也。俄然觉，则遽遽然周也，不知周之梦为蝴蝶，与蝴蝶之梦为周欤？周与蝴蝶，则必有分矣，此之谓物化。[10]

在尚未探触梦在变形的主题前，我们必须警觉到一个非常重要的现象，那就是叙说人的身份是庄周，而非蝴蝶，所以他才能以庄周的身份提出一个形而上学的问题，但是提出这个形而上学问题的人已非原来的庄周，而是经过变形后回转原来形体的庄周，他在理论上已非原来纯粹的人，而是经过变形为蝴蝶而回转为人的蝴蝶人。如果没有这种回转，则庄周原本人的身份已经消失而幻变为蝴蝶，而以蝴蝶的身份提出来的问题，将不会是人存在的问题，而是昆虫存在的问题。

所以回转人身的手段是必要的，昆虫鱼兽的世界与人的世界迥异，我们甚至可以说，神话世界就是人的世界，一切均以人的观点去作演绎，为了要以非常手段取得上述的观点，梦就变成了变形的另一个重要主题。

因为梦是一种潜意识活动，弗洛伊德（Sigmund Freud）的心理分析学虽然有很多观点尚待商榷，但有关梦的理论颇有可取，尤其1900年出版的《梦的演绎》及13年后的《图腾与禁忌》[11]，都给梦的活动与意义提供出清晰的说明，至少，在《灵魂说，魔术及思想全能》一文里，佛氏就明显地把“灵魂存有”（animistic soul）与意识及潜意识的活动连在一起[12]，而在梦的形成里，一方面是意识在现实生活中退却入下意识的活动急促明显化，另一方面则是抗拒这种退却（regression）在潜意识中明显剧减[13]，也就是说，梦是潜意识的活动，它在意识以外形成另一种潜意识的系统，就像“灵魂存有”与身体存有是两种不同意识系统的活动，在身体存有的意识活动里，常常因为现实的局限而“退却”入潜意识系统性的活动，而“梦想”（dream thoughts）就是潜意识的出口。

但是在梦与醒之间，佛氏又提醒我们，有时“梦会在焦虑的状态中让睡者醒来，它显示出那局外人已发现情形非常危险紧张，而他已觉得无法应付。甚至经常我们在睡着时，我们也会感到安慰地梦着‘它不过是梦了吧’而不用醒过来”[14]。

当潜意识活动到一种无法控制状态而产生焦虑性的危机感时，我们会醒过来回复“正常”的意识活动以让危机消失。同样，在变形神话里，当身体存有的意识活动发展到一种无法控制状态而产生焦虑性的危机感时，它会睡去而进入潜意识梦境而产生变形，以解救它目前形体所产生的危机。

为什么会是梦？就像当初我们询问达佛妮的变形为什么是月桂而不是地中海丝柏一样。答案很简单，在西方心理分析的理论是意识与潜意识的活动，在东方道家理论却是物化的回转。我们知道，生与死是两种极端，从生进展（或“变化”）为死，是单面性的，因为我们不能起死回生，但是物化的回转中，借梦的工具，认定死（或“非生”）的现实而同时在醒的结局里回复生的认知，“它不过是梦了吧”的认知与“我依然存在”的认知同样重要，因为它们都已包蕴了两重经验，梦中与醒来及梦中的死亡与醒的重生。

现在我们且看人化水族中薛伟变形为鱼的演变，原始资料《太平广记》内的记载不长，在此转录如下：

> 薛伟者，唐乾元元年，任蜀州青城县主簿，与丞邹滂、尉雷济、裴寮同时。其秋，伟病七日，忽奄然若往者，连呼不应，而心头微暖。家人不忍即敛，环而伺之。经二十日，忽长吁起坐，谓家人曰：“吾不知人间几日矣！”曰：“二十日矣。”曰：“即与我觇群官，方食鲙否。言吾已苏矣，甚有奇事，请诸公罢箸来听也。”仆人走视群官，实欲食鲙，遂以告，皆停餐而来。伟曰：“诸公敕司户仆张弼求鱼乎？”曰：“然。”又问弼曰：“鱼人赵干藏巨鲤，以小者应命，汝于苇间得藏者，携之而来。方入县也，司户吏坐门东，纠曹吏

坐门西，方弈棋。入及阶，邹、雷方博，裴啖桃实。弼言干之藏巨鱼也，裴五令鞭之。既付食工王士良者，喜而杀乎？”递相问，诚然。众曰：“子何以知之？”曰：“向杀之鲤，我也。”众骇曰：“愿闻其说。”曰：“吾初疾困，为热所逼，殆不可堪。忽闷忘其疾，恶热求凉，策杖而去，不知其梦也。既出郭，其心欣欣然，若笼禽监兽之得逸。莫我知也。渐入山，山行益闷，遂下游于江畔。见江潭深净，秋色可爱，轻涟不动，镜涵远虚。忽有思浴意，遂脱衣于岸，跳身便入。自幼狎水，成人以来，绝不复戏，遇此纵适，实契宿心。且曰：‘人浮不如鱼快也，安得摄鱼而健游乎？’旁有一鱼曰：‘顾足下不愿耳。正授亦易，何况求摄？当为足下图之。’决然而去。未顷，有鱼头人长数尺，骑鲵来导，从数十鱼，宣河伯诏曰：‘城居水游，浮沉异道，苟非其好，则昧通波。薛主簿意尚浮深，迹思闲旷，乐浩汗之域，放怀清江；厌巘崿之情，投簪幻世。暂从鳞化，非遽成身。可权充东潭赤鲤。呜呼！恃长波而倾舟，得罪于晦；昧纤钩而贪饵，见伤于明。无或失身，以羞其党，尔其勉之。’听而自顾，即已鱼服矣。于是放身而游，意往斯到；波上潭底，莫不从容；三江五湖，腾跃将遍。然配留东潭，每暮必复。俄而饥甚，求食不得，循舟而行，忽见赵干垂钩，其饵芳香，心亦知戒，不觉近口。曰：‘我，人也，暂时为鱼，不能求食，乃吞其钩乎？’舍之而去。有顷，饥益甚，思曰：‘我是官人，戏而鱼服。纵吞其钩，赵干岂杀我？固当送我归县耳。’遂吞之。赵干收纶以出。干手之将及也，伟连呼之，干不听，而以绳贯我腮，乃系于苇间。既而张弼来曰：‘裴少府买鱼，须大者。”干曰：“未得大鱼，有小者十余斤。’弼曰：‘奉命取大鱼，安用小者？’乃自于苇间寻得伟而提之。又谓弼曰：‘我是汝县主簿，化形为鱼游江，何得不拜我？’弼不听，提之而行，骂亦不已，弼终不顾。入县门，见县吏坐者弈棋，皆大声呼之，略无应者，唯笑曰：‘可畏鱼，直三四斤余。’既而入阶，邹、雷方博，裴啖桃实，皆喜鱼大。促命付厨。弼言干之藏巨鱼，以小者应命。裴怒，鞭之。我叫诸公曰：‘我是公同官，而今见杀，竟不相舍，促杀之，仁乎哉？’大叫而泣，三君不顾，而付脍手，王士良者，方砺刃，喜而投我于几上。我又叫曰：“王士良，汝是我之常使脍手也，因何杀我？何不执我白于官人？’士良若不闻者，按吾颈于砧上而斩之。彼头适落，此亦醒悟，遂奉召尔。”诸公莫不大惊，心生爱忍。然赵干之获，张弼之提，县司之弈吏，三君之临阶，王士良之将杀，皆见其口动，实无闻焉。于是三君并投脍，终身不食。伟自此平愈，后累迁华阳丞，乃卒。（出《续玄怪录》）[15]

在尚未分析上面薛伟的鱼变以及梦与醒的真实前，我们再看两段《庄子》：

庄子与惠子游濠梁之上。庄子曰：“鲦鱼出游从容，是鱼之乐也。”惠子曰：“子非鱼，安知鱼之乐？”庄子曰：“子非我，安知我不知鱼之乐？”惠子曰：“我非子，固不知子矣。子固非鱼也，子之不知鱼之乐，全矣。”庄子曰：“请循其本。

子曰'汝安知鱼之乐'云者，既已知吾知之而问我，我知之濠上也。"[16]

颜回问仲尼曰："孟孙才，其母死，哭泣无涕，中心不戚，居丧不哀。无是三者，以善处丧盖鲁国。固有无其实而得其名者乎？回壹怪之！"

仲尼曰："夫孟孙氏尽之矣，进于知矣，唯简之而不得，夫已有所简矣。孟孙氏不知所以生，不知所以死；不知孰先，不知孰后；若化为物，以待其所不知之化已乎？且方将化，恶知不化哉？方将不化，恶知已化哉？吾特与汝，其梦未始觉者邪！且彼有骇形，而无损心，有旦宅而无情死，孟孙氏特觉，人哭亦哭，是自其所以乃。且也相与吾之耳矣，庸讵知所谓吾之乎？且汝梦为鸟而厉乎天，梦为鱼而没于渊。不识今之言者，其觉者乎？其梦者乎？造适不及笑，献笑不及排，安排而去化，乃入于寥天一。"[17]

从《秋水篇》有关庄子与惠子鱼乐的论辩中，我们很明显地看出问题不在于知不知道鱼乐，而在于谁能知道鱼乐，身为鱼，当知鱼乐（其实亦是只知己鱼乐，而不知他鱼乐），而身为人，亦有两种可能，那是知道或不知道鱼乐，李泽厚在论庄子美学时有一段很好的解释，他说：

在这个著名的论辩中，惠子是逻辑的胜利者，庄子却是美学的胜利者。当庄子遵循逻辑论辩时（"子非我，安知我不知鱼之乐？”），他被惠子打败了。但庄子立即回到根本我的原始直观上：你是已经知道我知道鱼的快乐故意问我的，我的这种知道是直接得于濠上的直观，它并不是逻辑的，更不是逻辑论议理知思辨的对象。本来，从逻辑上甚至从科学上，今天恐怕也很难证明所谓“鱼之乐”。“鱼之乐”这三个字究竟是什么意思，恐怕也并不很清楚。按心理学的看法，鱼的从容出游的运动形态由于人的情感运动态度构成照应关系，使人产生了“移情”现象，才觉得“鱼之乐”。其实，这并非“鱼之乐”，而是“人之乐”；“人之乐”通过“鱼之乐”而呈现，“人之乐”即存在于“鱼之乐”之中。[18]

这是一个很重要的说明，因为它同时牵涉变形神话中身体的诠释，人知鱼乐与人变为鱼在某种程度是一致的，在心理上，人知鱼乐是移情作用，在生理上，人变为鱼更能在与外在世界（譬如江潭、水族）的接触里，达到全面的“移体”感觉，但是无论是“移情”或是“移体”，形变而神未变，所以当薛伟变形为鱼后，虽然是“放身而游，意往斯到；波上潭底，莫不从容”，但其本人的整个心理轨迹，依然是人，因为当初为鱼而腹饥时，虽遇赵干垂钩，其饵芳香，他依然有着人的高度警戒性而对自己说：“我，人也，暂时为鱼，不能求食，乃吞其钩乎？”但由于他混淆于人鱼双重身份而产生的吊诡，他又想道：“我是官人，戏而鱼服。纵吞钩，赵干岂杀我？固当送我归县耳。”遂吞饵而被钓获。到后来司户仆张弼来买鱼，薛伟仍然以人的身份怒斥“我是汝县主簿，化形为鱼游江，何得不拜我？”在整个变鱼被擒获而遭宰杀的过程里，薛伟无时无刻不坚持人的身份，直至脍手王士良刀落头落，薛伟才醒悟自梦而出，恢复人身。

但是薛伟“梦前之身”与“梦中之身”也是有分别的，梦前之身是意识的存在，梦中之身却早已非意识存在的形体了。我们可看到，梦中之身的薛伟，虽然不断强调自己为人身，但在梦中的“现实”世界，他已经是鱼，而不是人，我们甚至可以这样说，在鱼服的故事里，薛伟拥有三种身份——（1）梦前的人，（2）梦中的人鱼（或鱼人），（3）梦醒的人。为什么有第三种身份？因为梦醒以后，即使回转为从前身份，但已非从前之人，亦无法再为梦前之人，这种转变，颇有禅宗“见山是山，见水是水”的境界。由此可知，即使我们强调薛伟在变形中原有的人之身份，虽然是人，却是不断在变化的人。

这就是庄子在《大宗师》篇内颜回与孔子的对答中，突出了孟孙才对生命的真实与虚幻的看法。孟孙才的母亲死了，颜回向孔子抱怨孟孙才并没有如何尽哀戚之道，却以善居丧名闻全国。孔子的回答其实就是庄子对生命的诠释，人的形体，死后“若化为物”，但我们生前只知道会变而不知道会化为什么，因为我们常常连在变化中也不感到自己在变化，那么又怎会知道自己已变了什么呢？假如我们不再变化，我们又怎知其实我们早已变了而无复原有的形状呢？

由于上面有关存在的诡辩（sophistication），道家经常的处理就是用梦的吊诡来作阐释，所以在上面孔子和颜回的对话里，孔子马上接着说：“吾特与汝，其梦未始觉者邪！”那就是说，老师对着他的弟子感叹——“我和你的梦还未醒呢！”因为梦如人生，生命物化以后，梦就醒了，但是在做梦之时我们从不知自己在做梦，正如生命在变化之中我们从不知自己在变化，一直到梦醒了，虽然不知自己究竟为人为蝶，但至少知道自己在某一生命阶段曾为人或为蝶。而在生命的变化中，也许物化以后，所有经过或完成的变化，已经非变化后的未知所能知悉了。但是梦在我们生命中提供了很好的示范，“梦为鸟而厉乎天，梦为鱼而没于渊”，我们可以在梦醒后追述自己为鸟在天上的鸣唳，或是为鱼在深渊的泅泳，但问题仍然是——“其觉者乎？梦者乎？”究竟当你在追述梦境时，你是在醒后或仍在梦境作追述，谁都不知道。

薛伟的故事就是“梦为鱼而没于渊”的故事，他的入梦变形，实是他在病中产生的“自我焦虑”，他曾向众人追述“吾初疾困，为热所逼，殆不可堪。忽闷忘其疾，恶热求凉，策杖而去，不知其梦也”。后来《醒世恒言》的版本说得更清楚，说书人叙说道：“你道少府是个官，怎么出衙去就没一个人知道，原来想极成梦，梦魂儿觉得如此，这身子依旧自在床上，怎么去得。”

至此，我们差不多完全明白，鱼身梦幻，实是假借梦境来作变幻，梦醒以后，变幻也回归真实，如果按照前面所言薛伟拥有三种身份来说，那么变幻以后的真实回归，应该是第二真实，而非原有真实。而梦的寓言便成了一种过渡性的启发，使人身在回复到第二真实的存在中获取智慧，从梦境的虚幻明白第一真实（原有真实）的虚幻。当然，按照庄子的演绎，即使存在于第二真实里也同样虚幻，因为我们永远不会知道梦醒以后的第二真实究竟是不是另一场梦境，如果是，则生命在不断的变化里便无所谓真实的存在了。

宗教可以解释这种“非真实”，佛家谓无常或色相，道家言变，都是企图去从有神论中解释隐藏在“非真实”背后的真谛。《醒世恒言》内的《薛录事鱼服证仙》以及日本《雨月物语》内的《应梦之鲤》都是佛道两家的演绎。但是我们也同时知道，在这一类民间传说的“通俗小说”与“物语”里，因为叙说者的对象为一般民众，所以虽然有着强烈的宗教性，但哲学的层次相形降低，劝善惩恶的明显意旨有如西方中世纪的“道德戏剧”（morality play）了。

所以在《薛录事鱼服证仙》的故事里，我们看到薛伟夫妇原来并非凡人，得到李道人的接引，并且在太上老君的指引下，他们才知道原来前身一个是骑赤鲤升天的神仙琴高，另一个是王母娘娘座上弹奏云璈的田四妃，只因两人动了凡心，才被谪下凡。在中国这一类的佛道故事里，最明显的当然是《西游记》中到西天取经的朝圣者，唐僧原是如来的第二弟子金蝉子，猪八戒原是天河水神天蓬元帅，沙僧本为卷帘大将，白马本为龙子等如出一辙[19]，他们前生都因过错而被逐出神仙世界，而在转世为另一身份后，唐僧为人，八戒为猪，沙僧为魔，龙子为白马，都在西天取经的途中经历多般劫难，从而“洗涤”重证正果。如此当我们重看薛伟《薛录事鱼服证仙》的故事，才知道鱼身变幻的意义并非为人或变鱼，而是在变鱼以后重拾人身，得知世情虚幻，所以当太上老君指引薛伟时便说：

> 为你到官以来迷恋风尘，不能脱离，故又将你权充东潭赤鲤，受着诸般苦楚，使你回头，你却怎么还不省得，敢是

做梦未醒哩。[20]

所以《薛录事鱼服证仙》的故事里包括了第一结构的《太平广记》薛伟的故事，及第二结构的“证仙”过程，薛伟变鱼返人的情节已一如前述，但是在第二结构里，我们还看到添增的宗教情节：

（1）薛伟病后昏迷，顾夫人差人到青城山的老君庙祈祷求签，并得签诀：“百道清泉入大江，临流不觉梦魂凉。何须别向龙门去，自有神鱼三尺长。”

（2）到成都府访医，求得传有龙宫 800 种秘方的李道人来诊治薛伟。

（3）薛伟“死去”二十余日，顾夫人遵李道士之嘱不加安葬而静候还阳，再请道士在青城山老君庙建醮祈祷，道士按北斗七星之状在醮坛上铺下七盏明灯，但见薛伟本命星灯明亮光彩。

（4）薛伟醒来，顾夫人告之青城山老君庙灵签及种种灵应，便沐浴斋戒上山还愿，途中得遇骑青牛之牧童，告知两人原为仙人谪居凡间，成都府的李道人就是提醒接引两人的使者。语毕，牧童与牛化作一道紫气冲天而去。及至庙中老君座前参拜叩谢神明，抬头一看，那老君神像正是牧童面貌，又见座旁塑着一头青牛，也与那牧童骑的一般。

（5）迨后薛伟再访李道士，得证前因，回家告知夫人，也就在言上省悟前身，夫妻留诗离去：“鱼身梦幻欣无恙，若是鱼真死亦真。到底有生终有死，欲离生死脱红尘。”

（6）薛伟夫妻到李道士处，三人白日超升，“顷刻间，祥云缭绕，瑞霭缤纷，空中仙音嘹亮，鸾鹤翱翔，仙童仙女各执幢幡宝盖前来接引，少府乘着赤鲤，夫人驾了紫霞，李八百跨上白鹤，一齐升天”。

如果我们从宗教劝世的观点来看，这故事包括了两大主题：第一是上面所述的谪仙下凡，而乐园失而复得；另一就是中国传统的佛道戒杀观念。尤其在鱼族放生的习俗里，放生鲤鱼是最常见而普遍的习惯，薛伟幻变为鲤鱼而为同袍所杀，其中实蕴含了劝诫杀生的意义。《太平广记》中的故事结语谓薛之同袍“于是三君并投鲙，终身不食”。在《醒世恒言》故事里，也有一段杀鱼与不杀鱼的插曲，薛之同袍邹二衙心里想着薛伟的祈福，便对同伴说：“以下官愚见，这鱼还不该做鲊吃，那青城山上老君祠前有老大一个放生池，尽有建醮的人买着鱼鳖螺蛤等物投放池内。”但是想吃鱼的裴五衙回答道：“老长官要放这鱼，是天地好生之心，何敢不听，但打醮是道家事，不在佛门那一教要修因果，也不在这上，想道天生万物，专为着人，就如鱼这一种，若不是被人取吃，普天下都是鱼，连河路也不通了，凡人修善，全在一点心上，不在一张口上，故谚语有云，佛在心头坐，酒肉穿肠过；又云，若依佛法，冷水莫呷。难道吃了这个鱼，便坏了我们为同僚的心眼？见得好鱼，不做鲊吃，倒平白地放了他去，安知我们不吃，又不被水獭吃了，总只一死，还是我们自吃了的是。”

在各执一词的杀鱼与不杀鱼的说法里，本来各自都无可厚非，放鱼有放鱼的道理，吃鱼有吃鱼的道理，但是作者巧妙地运用了“戏剧性嘲弄”（dramatic irony）的效果，在那想吃鱼或不想杀鱼的人们无所谓的对答中，最焦急的不是邹二衙或裴五衙，而是身为鲤鱼的薛伟！可是他有鱼口而无人言，只能以第三者的身份在一旁干焦急而静听同袍的争辩。本来在文学技巧中“戏剧性嘲弄”的运用里，我们经常看到的是在两个局中人的对话里，为局外人的读者“躲在一隅”以超然的身份观赏局中人种种的愚行乱语，但是在上面的对话中，身为第三者的薛伟看似局外人（因为同袍不知他已变成鱼），其实仍是彻底的局中人（因为别人争执的竟是他的生死），因为他无法置身事外，而且更有口难言，所以他的焦虑与挣扎以及他向同袍大声叫喊而又不为同袍所听悉的状况，却清楚地呈现在读者的眼前，所以读者充分感到这种戏剧性的嘲弄：薛伟是鱼而不知为鱼，而偏作人语向人解释而无济于事，他的同袍祈福上苍保佑他们的同事吉人天相，起死回生，殊不知他们同事的命运却操在他们的口腹之欲里，这一切都在读者为局外人的阅读时早已知悉了，但局中人一直到为鱼的薛伟被宰，还阳为人身，才知悉所发生的事情。

上田秋成的《应梦之鲤》其实是《薛录事鱼服证仙》故事的翻版，但主要情节虽然雷同，人物却换成了善画鲤鱼的丹青高手僧人兴义。某年兴义得急病身亡，三日后复活，命弟子去檀家平助的行馆，请他停止酒筵，立即到寺里来。平助当时正和弟弟十郎及家臣扫守围坐饮酒吃鱼，闻悉立即赶来与兴义相会，兴义告之所吃之鱼实为他之幻变，并述及种种细节，无不一一符合。大家听毕，莫不啧啧称奇不已，平助马上命人跑回家，把剩下的鱼片都倒回湖里去。

由此看出，这个故事里《薛录事鱼服证仙》的影响是明显的，尤其兴义在描述自己梦化为鱼，被捕被宰的情境，都与《薛录事鱼服证仙》雷同，所以我们不必一一比较其中细节了，劝世戒杀的意旨也一样，兴义所画的山水、花鸟都可送人，唯独他画的鲤鱼（据云他梦中入江与鱼嬉戏，梦醒为画，题为《应梦之鲤》，也就是入梦而来的鲤鱼的意思）不肯送人，什么原因呢？他半开玩笑地解释："和尚的鱼可不能送给你们这些杀生吃荤的俗人。"

其实这也是故事的一条伏线，兴义保护了梦中而来变成具体形象的鲤鱼图画，却不能保护入梦而去变成鲤鱼的自己。换句话说，身为僧人或艺术家，他能够清醒地保护有生命的生物或自己一手创造的艺术品，生为梦中的鲤鱼，犹似梦中的蝴蝶，却虚实难分了。所以我们可以这样看，杀生与放生均在一念之间，而被杀生与逃生，又何尝不在一念之间？兴义为人时，因为他对鲤鱼放生的恩惠而得蒙河神赐鱼服暂为鲤鱼，但当兴义为鱼时，他却被诱于鱼饵而上钩被宰，我们隐隐能从故事中汲取某种意旨，唯有在人身的灵台清澈，才能分判世间的黑白是非，孰取孰舍，而一旦灵智蒙蔽，却是大祸临头了。在人鱼变形的经验里，我们得到的教训是：虽然人生如梦，难分虚实，但是生命的意义似乎不在于变形的后果，而在于明白那种不可避免的变化，因为变化就是存在。

注 释

[1][15]李昉.太平广记(第5集).台北:粹文堂,第3881~3883页。

[2][20]冯梦龙.醒世恒言//世界文库四部刊要.台北:世界书局,第26卷。

［3］人鱼变形的神话颇多，遍布魏晋志怪小说，然最早记载应自《山海经》内载鲧禹父子的故事，鲧犹如希腊神话窃盗天火的英雄普罗米修斯，然鲧自天帝那儿盗取的并非人间的火种，而是治平洪水的泥土“息壤”。据《山海经》内卷十八《海内经》载，鲧窃帝之息壤以堙洪水后，“帝令祝融杀鲧于羽郊，鲧复生禹”。这就是“伯鲧腹禹”父产子的传说，然夏鲧之所以为名，实是因为他死后化鱼（并非为熊）的传说，《左传·昭公七年》载：“昔尧殛鲧于羽山，其神化为黄熊，以人于羽渊。”陆德明《释文》曰：“熊，音雄，亦作‘能’，如字，一音奴。能，三足鳖也。”《尔雅》内“释鱼”亦云：“鳖三足，能。”《国语·晋语十四》载：“昔者鲧违帝命，殛之于羽山，化为黄能，以人于羽渊。”以后所有鲧变鱼的传说大都始于上面的记载。以上资料取自李剑国辑释《唐前志怪小说辑释》，上海古籍出版社 1986 年版。

［4］上田秋成．雨月物语·应梦鲤 // 中村幸彦，校注．上田秋成集．东京：岩波书店，昭和三十四年（1959）：70~76。

［5］Ernst Cassirer. *An Essay on Man*.Yale University Press, 1944：81。这句话的上下文亦在乐蘅军《中国原始变形神话试探》一文中出现，译文引自刘述先翻译卡氏著《论人》第七章《神话与宗教》。其指出：“它（指初民心灵）的生命观是一个综合的观点，而不是一个分解的观点……有任何事物具有一定的、不变的和固定的形状。由一种突然的变形，一切事物可能转化为一切事物。”乐氏一文同注［6］。

［6］乐蘅军．古典小说散论．台北：纯文学出版社，1975：4。

［7］同［6］，第 4 页。

［8］同［6］，第 5 页。

［9］见“The Place of Language and Myth in the Pattern of Human Culture” in Ernst Cassirer,*Language and Myth*,tr.Susanne Langer.New York:Dover Publications,1953：4~5。

［10］叶玉麟．庄子白话句解．台北：华联出版社，1968：32。

［11］Sigmund Freud.*Totem and Taboo*.New York：Norton,1950。

［12］同［11］，*Animism,Magic and the Omnipotence of Thoughts.*，第 94 页。

［13］Sigmund Freud.*Lectures on Psychoanalysis*［1933］．tr.W.J.H.Sprott,New York：Norton,1961：29~35。我在这儿转引自 Richard Ellmann and Charles Feidelson,Jr. 合 编 之 *The Modern Traditions*,New York：Oxford University Press,1965：572。

［14］同注［13］内 Ellmann、Feidelson 所编之《现代传统》一书，第 572~573 页。

［16］同［10］，第 161~162 页。

［17］同［10］，第 97~98 页。

［18］李泽厚．庄子美学札记 // 深圳大学国学研究所，主编．中国文化与中国哲学．北京：东方出版社，1986：92。后该文收录在李氏专著《华夏美学》一书第 3 章《儒道互补》。内分三节：《逍遥游》，审美的人生态度；《天地有大美而不言》，审美对象的扩展；《以神遇而不以目视》，关于无意识。见《华夏美学》，香港三联书店 1988 年版。庄惠论鱼乐一段引自第一节。

［19］《西游记》第 100 回《径回真土，五圣成真》内交代得很清楚，前身为金蝉子的唐僧功德圆满后被封为旃檀功德佛，前身为天蓬元帅的八戒被封为净坛使者，沙僧为金身罗汉，白马为八部天龙。见吴承恩《西游记》下册，香港友联出版社 1968 年版，第 1134 页。

七、蛇蝎女人
——复仇与囚禁的女性形象

日本谣曲(能乐)中的主角一般分为五种，即神、男、女、狂、鬼，其中又以后三者最引人入胜，最受观众喜爱，因为谣曲剧本简短，除了舞蹈与唱工（包括音乐）的演出，更是不大着重于情节的叙述发展，换句话说，谣曲最重要的演出，是情感在某一点的高度发挥与凝练，而观众的欣赏，亦不在乎情节如何发展，而是发展到某一点，演员如何在舞乐及唱诵中表达出剧中最强烈的情感，这种强烈度又多见于以女、狂、鬼为主角的能剧。

《道成寺》严格来说属于“狂”能，即是以疯女为主角的能乐，但是因为它牵涉女人及鬼怪，所以可说是三者兼备，同时更是一出非常著名的女性复仇剧。其故事大意可见剧中道成寺住持与寺僧的对话，因为某种缘故，寺钟被毁已久，现经重新铸造，趁着良辰吉日重新悬挂到钟楼，再举行悬钟法会，但是当僧仆把钟挂上时，有个住在纪洲偏僻之地的歌女，要进寺参拜。本来在法会期间是严禁女子入内的，但想着钟刚挂上，僧仆就让歌女进入了，怎知跟着天摇地动，寺钟掉了下来，烧得滚烫，女人就在寺钟里面。寺僧赶快禀告住持，住持才把原委说出：

住持（面向正前方，作韵白）：从前此地有一名爱子的庄司，膝前有一少女。那时节奥州来了一位山僧，每年到此参拜熊野圣地，借住在庄司宅内，年年如此。来时必带着些少女喜爱的奥州土产。庄司溺爱其女，每向其女戏道：这山僧是你丈夫，是你郎君。日久天长，少女心中信以为真，心怀缱绻。有一次，山僧又来庄司家投宿，只听少女言道：以前你总是把我丢弃在此径自远去，这次定要带了我同去奥州。（住持面对从僧，然后又转向正台前方）山僧听了大为惊异，当夜便从庄司家逃了出去。少女得知，急忙追赶。山僧逃入本寺，将事情原委细说了一遍，请求给以援救。本寺僧众相聚商议，认为各处均不妥帖，（注视此钟）遂将寺钟卸下，让山僧藏在钟内。（住持面向从僧，又转向正台前方）这时那一少女沿日高川河岸，上下奔走，恰逢河水高涨，无法涉渡，（住持目视水面）一时情急，怨愤填膺，一念之下竟然化为毒蛇，安然渡过日高川，来到寺内，到处寻找，（住持环视四周）怀疑藏在钟下，便咬住龙头，七缠八缠，以尾击钟。顷刻间这钟便烧化为铁浆，那山僧也就无影无踪了。（击掌）你听这故事岂不吓煞人吗？[1]

经过住持的追述，众僧才恍然大悟，原来寺钟重新铸好后，蛇精（少女的鬼魂）仍然阴魂不息，以歌女来寺参拜为名，找寻可能躲藏在寺钟里面的山僧，这是一种冤孽的循环，唯有佛法可以解救，于是剧中便出现了寺僧与蛇精斗法的局面，住持与他的从僧以咒语呼召四方仙佛，重新要把寺钟吊起：

住持、从僧：此钟动与不动，敬请不动明王以绳索缩之。呐哞苦刹曼达拉达，听我说者得大智慧，知我心者即身成佛。请即施行法力，使其以蛇身成佛，念彼蛇身与此钟何恨之有！

蛇精终于不敌住持的抗争而屈服于祷告咒语之下，而她最后的下场，我们可以在伴唱的旁述中得知——

伴唱：（蛇精起立，以足踹拍）谨请东方青龙清净，谨请西方白龙白王，（在正台上走圆）谨请中央黄帝黄龙，（走至正台前方）谨请大千世界各处龙王，（向住持挥笞杖）谨请沙龙王哀愍受纳；（脸朝正面，双膝着地）如蒙哀愍，请听弟子乞求：（起立，与住持对峙）请将大蛇安置于相宜之处。（后退，落座）祈祷完毕，立时应验，大蛇轰然倒地，（起立，走向正台左角）却见它旋又一跃而起，（仰视寺钟，摆动头部）向寺钟口吐毒气，（走近寺钟，双膝着地）立即化为火焰，自行焚化。于是蛇体凌空跃起，（起立，向幕后跑去）跳入日高川波涛汹涌的深渊中去。

以上就是《道成寺》一剧内蛇女被降服的过程。纵观全剧，我们可以知道，蛇女变成了一种复仇的象征，原因当然是来自少女对山僧的爱，因爱成空，空转化为恨，我们看到了一场对爱的追逐，而在这个过程中，还产生了变形，但不同于西方神话的阿波罗追逐月桂，这是一场无奈的追逐，不只因为追逐者是女性，而最无奈的是被追逐者是男性的僧人，他的身份已公开了无法妥协的绝望，因为他的神圣行业，永远无法接受少女的爱意，而使事件恶化的是，在追逐的过程里，少女恰逢日高川河水高涨，无法涉渡，情急之下，“怨愤填膺”，遂化为毒蛇，这是一个重要的转折点，当她变形为蛇时，因为心中的怨愤，遂转化为仇恨的毒蛇。

发展至此，对峙的局面已全部形成，在男性支配的传统社会，少女引诱她的情郎私奔已属不当，更何况连情郎资格也不具备的僧人？而僧人神圣的身份既已被认定，甚至将他托庇于道成寺的寺钟佑护之下，则少女一变成毒蛇，更是加深正邪双方的对立。假如如上所述，蛇女成为复仇的象征，则寺钟便成了正统的护法了。

但是在第一次的护法行动中，寺钟并没有成功保护内里求庇的僧人，相反，由于僧人的消失，更显出蛇精攻击时的凶恶残酷，不但把少女变成毒蛇，同时由于蛇与女人阴柔的结合，更是“七缠八缠，以尾击钟”，这实在是男性潜意识中对女性最恐惧的梦魇！

恐惧的反应通常有两种：一是屈服，另一是抗争。但东方传统文学有关男性对女性潜意识的恐惧中，最常见的反应是抗争，而不是屈服。而抗争的手段除了以无上的道德男性认“同”去对抗女性的“异”（other）外，还加上“正”对“邪”的降服。在《道成寺》一剧中，我们就非常明显地看到全部男性成员的神圣僧人对抗化身为蛇妖的女人。于是我们更可以看出，在男性支配统治下的传统社会，为了进行男尊女卑的“社会契约”（social contract）行为，女性被刻意定义于被惩责性的身份中屡见不鲜，这种“同异”与“正邪”的对立，马上便产生隔离效果，同时因为这种女性“原罪”性的身份，更使她处于附庸被支配的地位，万一有所反抗，便是背叛，女性与蛇的联想，在西方基督文明尤为显著，在《圣经·旧约》的《创世纪》里，我们看到耶和华用地上的尘土造了亚当与夏娃（而夏娃是用男人亚当身上的肋骨做成的女人，已有附属品的意思）。后来夏娃受到“比田野一切的活物更狡猾”的蛇的诱惑，与她的丈夫先后吃了树上的禁果，两人眼睛开始明亮，并羞耻于自己的赤身露体，到了后来神知悉了，便作了以下的惩罚：

> 耶和华上帝对女人说：“你作的是什么事呢？”女人说：“那蛇引诱我，我就吃了。”耶和华上帝对蛇说：“你既作了这事，就必受诅咒，比一切的牲畜野兽更甚，你必用肚子行走，终身吃土，我又要叫你和女人彼此为仇，你的后裔和女人的后裔，也彼此为仇，女人的后裔要伤你的头，你要伤他的脚跟。”又对女人说：“我必多多加增你怀胎的苦楚，你生产儿女必多受苦楚，你必恋慕你丈夫，你丈夫必管辖你。”

以上就是原罪与失乐园的由来。上帝把亚当、夏娃逐出伊甸园，去耕种那造成男人肉身的土地。整个事件的始末，亚当一直在扮演无辜者的角色。我们清楚地看出在整个叙述里，那是魔鬼的蛇引诱了女人，女人再引诱她的男人，所以在上帝的惩罚里，我们也看到蛇除了爬行吃土，还终生与女人的后裔——人为敌。而在此地的“人”，无论是意识或潜意识上，都作男人解，万一有女人延伸意义的话，亦不过是男人管辖下的附属品。另一方面，上帝对女人的惩罚亦不稍轻，因为她除了怀胎生育的痛苦，便是对身份的剥削，她再不是一个独立本体（本来以肋骨的意义而言就已不是），而更甚的是，她一边受着男人的管辖，另一边又要承受扮演补赎的角色，因为她是男人在这世间一些受苦的根源。上帝对亚当说："你必终生劳苦，方能从地里得吃的，地必给你长出荆棘和蒺藜来。你要吃田间的菜蔬，你必汗流满面才得糊口，直到你归了土，因为你是从土而出的，你本是尘土，仍要归于尘土。"最后的两句，明显点出生命的有限以及死亡的回归；而短暂的肉身，也就成了囚禁灵魂的地牢。

我们在此试图作一大胆的推论，在前面的上帝、男人与女人（蛇）的三角关系里，我们看出，女人被囚禁于最初被创造时所归属的男人身体部分（肋骨）以及被造后因违反神旨而成的男人管辖的附属品，男人则被囚禁于被谪后的肉身地牢，等待灵性的解脱。

这就是所谓的"监狱的诞生"（the birth of the prison），我们视之为神话原型亦可，集体潜意识亦无不可，在人类文化发展的过程中，从古代到现代，福柯的著作《监督与惩罚：监狱的诞生》（*Discipline and Punish:the Birth of the Prison*）一书就是自西方16世纪以降，种种统治权力以惩罚的方式加诸文明社会的分析纪录，总括来说，我们可以归纳出下面的三种惩罚方式：

> 第一种代表性的惩罚方式是残忍而公开的拷打，它代表着旧时代的刑罚方式，也是刑罚发展史的第一个阶段。第二个发展阶段则始于18世纪，一批人道主义改革家谴责拷打酷刑的不合人道，要求以量刑的方式来改革刑法，以劳役和

灵魂的改造来对待罪犯，这也是第二种代表性的惩罚方式。至于第三个阶段，则是从第二阶段量刑适罚时，将“人”视为孤立的客体之后的现代变形——拘禁，而近代“监狱”的诞生，即是遂行这项功能的最重要机器。[2]

所以当我们回到东方的神话，譬如嫦娥偷灵药而奔月，其实却成了被月亮囚禁的罪犯（因为她再不能返回人间，接受世间的情爱），正如李商隐以他的七绝来作悲戚无奈的评语：

嫦娥应悔偷灵药
碧海青天夜夜心。[3]

《道成寺》中的蛇精亦是如此，当她知道心爱的人躲在寺钟底下，她化身为歌女假装对寺钟膜拜，以及后来被困在寺钟里面，都代表着一种囚禁与降服，引用上面福柯的三种惩罚模式，嫦娥与蛇精都属于第二种进入第三种方式的代表。嫦娥因为犯错“偷”了长生不老的灵药，所以才会有“后悔”或“忏悔”的心，在碧海青天永远孤独。蛇精伪装为歌女参拜寺钟，亦是因一股复仇愤怼的心才使寺钟跌落，而被困在钟内：

伴唱（歌女）：月落乌啼，霜雪满天；（仰视，绕行至主角位）潮涨旋落，日高寺前；（环视正台左侧，进前数步）江村渔水，（以足踹拍）对愁而眠。（走向住持，环视四周）夜阑人静，绝好机缘；（绕至正台左角）边舞边进，潜至钟前（仰视寺钟）；撞而鸣之，（以扇推下乌帽子）怨愤难安。想起此钟，满腹恨懑。（快步来至钟下）抓起龙头，（脸朝正面，两手捉钟）一跃冲天；落钟覆之，（以足踏拍，跳跃，检场人把钟落下）形体泯然。

这是一种自我投入式的囚禁，在佛法的僧人看来，她是被囚于自我的仇恨与情欲，住持要重新把钟悬起，不是为了给蛇妖解困，而是要重新树立寺庙的法统，这是正邪的抗争，寺僧的祷告就是毁灭邪魔蛇怪的手段。

这种抗争，就是“权力”（power）与“性”（sexuality）的抗争，福柯自1975年写完《监狱的诞生》后，于翌年出版《性的历史：知识意志》（*Histoire de la sexualit'e,I : La Volont'e de savoir*）第1卷，指出权力对性的压制（repression）的种种复杂性，1978年他接受皮埃尔·蓬塞纳（Pierre Boncenne）的访问，谈及权力与性的关系并非我们想象的那般单纯。他指出，我们一向的观念是性的讨论是被钳制的，其实西方自12世纪开始，天主教已正式接受他们性欲的存在，以及肉身因性欲而产生的罪恶，所以我们不能说性的论述被压制，只可以说被安排在不同的“规格”（codes）里。福柯接着说：“我们再一次面对着一种主题式的自我稳定现象：把权力看成绝对的压制，一旦权力成为坏事，它的一切都变成否定，在这情形之下，我们公开谈性便自然成为一种解放。在我看来，事情并非如此的单纯。”[4]由此看来，福柯认为权力与知识并不一定是对立的，而从历史看来，权力往往接受知识的挑战而凝固本身的内涵，所以性的知识的公开论述，并不一定代表解放，其实应该是权力正面地对性作出更透彻的运用。[5]

但是我们不能不怀疑，权力本身只是一个抽象名词，它的具体还是操纵在人类的手里，而一旦在人类社会中运用，便无法脱离它本身的主观性与绝对性。譬如在上面《道成寺》的故事里，寺僧的法力便是无上权威的象征，因为它代表正统的纯洁，保持山僧的清白，而抗拒蛇妖的邪淫。换句话说，女性的身份是男性权力所指定的，而“性”（sexuality）方面，也按着男性权力所指派的“规格”，日本的僧人不能和俗家女人结合，正如天主教教义一样，一旦违反“规格”而追求解放，便自然而然被刻画为妖魔道向毁灭一途，最恐怖的仍是，即使男性社会滥用这种权力，它的旗帜仍然是善的代言人，正如当年十字军东征，消灭邪魔异道。在《道成寺》里，寺僧们和蛇女斗争的观念和十字军东征如出一辙——去毁灭它，就是去拯救它。

住持：（面向寺钟）休说恶龙威力大，吸干日高川河水，啖尽河原上细砂；怎比得上，我等行者法力大无涯。

这就是“文明性权力”（civilized power）所产生的蒙骗式压制，与福柯倚仗的那种兼收并蓄的权力完全不同，如上所述，当女性被支配的附庸身份一经确定，操生杀大权的男性权力社会便决定了她善恶的命运。如果蛇妖有向佛之心，当然可以向权力认同而“即身成佛”；如果她坚持自己性的身份的解放，则唯一结果便是毁灭。

这种权力的支配在以下两个中日白蛇故事中更为明显。“白娘子永镇雷峰塔”是明朝《警世通言》（卷28）中的一个故事[6]，内里叙述许仙与白蛇（白娘子）相恋，而人妖之间无法妥协，虽然身为女性的白蛇（以人形在故事中出现）千方百计维系她的爱情，但是许仙是一个彻底的“遵奉者”（conformist）。在整个故事中人与妖怪结合的“话语”（discourse）里，我们最初看到人蛇相恋的事件后，白蛇加诸许仙身上的恩惠，都成了陷害她男人的原因，从最初交给许仙做媒聘的50两银子（结果却是来自邵太尉被偷的库银），到浴佛节给许仙出外装扮的新鲜衣裳及香罗扇子（也是偷自周将仕典当库内），都使许仙身陷囚狱，在此已经特别显出正邪之间的异同。换句话说，因为白娘子是妖，则她的一切手段都是非法的邪门，不为社会规范所允许，人妖的结合，更绝非美满姻缘，因此社会要“降服”这不容于人间的“妖孽”。最初库银被偷后，捕快们去捕捉白娘子，后来白蛇与许仙的误会冰释并结合，许仙却在出游中碰到终南山的道士，道士看到“许仙头上一道黑气，必有妖怪缠他”，便要给许仙降妖，降妖失败后又有捉蛇先生要来捕捉妖蛇，所有措施都归失败后，才是许仙找到金山寺的法海禅师，以无上的佛力，降伏骚扰人间的白蛇。但是降伏白蛇最大的功劳要归于许仙，因为他不只是一个“遵奉者”，更是爱情的“出卖者”（betrayer）。

> 禅师于袖中取出一个钵盂，递与许仙，道：“你若到家，不可教妇人得知，悄悄的将此物劈头一罩，切勿手轻。紧紧的按住，不可心慌。你便回去。”且说许仙拜谢了禅师，回家。
>
> 只见白娘子正坐在那里，口内喃喃的骂道：“不知甚人

挑拨我丈夫，和我做冤家？打听出来，和他理会。”正是有心等了没心的。许仙张得他眼慢，背后悄悄的，望白娘子头上一罩，用尽平生气力纳住。不见了女子之形。随着钵盂慢慢的按下，不敢手松，紧紧的按住。只听得钵盂内道：“和你数载夫妻，好没一些儿人情？略放一放！”[7]

正是“有心等了没心的”，一心爱恋许仙而要成为他的妇人的白蛇，最后的结果，却是被她男人的钵盂压在下面，动弹不得。而产生这悲剧最基本的原因，却是人蛇无结合的可能，由于这种不可能的基本认识，我们在中国“白娘子永镇雷峰塔”的整个故事论述里，从开始到完结，都是充满了极端大男性主义的描述，也就突出了人善兽恶的观念，更何况此兽非常兽，乃是修炼千年，取得女人形状的一条大蟒蛇！而女人的罪状，我们可以从她最后的告白看出来：

禅师喝道：“是何业畜妖怪，怎敢缠人？可说备细。”

白娘子答道：“祖师！我是一条大蟒蛇。因为风雨大作，来到西湖上安身，同青青一处。不想遇着许仙，春心荡漾。按捺不住，一时冒犯天条。却不曾杀生害命。望禅师慈悲则个！”[8]

所谓大男性主义描述，在此尽见一斑。第一，白蛇首先承认她为兽类的卑下（inferiority），她是一条大蟒蛇，不是人类。第二，她碰到了作为人类的许仙，爱上了他，因而冒犯了“不相配”

（incompatible）的天条，直到法海禅师的法统出现，才接受她的果报。

为了要贯彻这种男善女恶、人高兽卑的观念，说书人从故事一开始，便让许仙扮演一个“受害人”的角色，我们不但看到许、白初遇时，白娘子秋波频传，瞧着许仙的女性主动性，同时从借伞的整个过程看来，都是白娘子一手的巧计（set–up），以遂她与许仙结合的心愿，这是一个异于中国道德传统的女性形象，而且有悖于男性向来的权威性与主动性，及至库银事发，又加深了一层罪证，这不只是一个非道德的女性角色，更是一个妖怪。

整个论述就是从主动性的非道德女性以及妖怪的两条线索开始发展，许仙就成了男性挣扎于这类女性主动的恐惧下的象征，法海禅师就代表另一条线索下降伏女性妖魔的无上权威，和能剧《道成寺》内的住持和蛇妖相抗降镇一样；最后，法海的钵盂，就成了前面福柯所说的“监狱”的产生，它不但将白蛇当作一孤立客体而拘禁，而在量刑方面，禅师更留下了下面四句偈语：

> 西湖水干，江湖不起。
> 雷峰塔倒，白蛇出世。[9]

虽然后世的传说——也就是白蛇故事的续集——不断说及白蛇的儿子（许仕林）成长后把塔拜倒，救出他的母亲，但是上面的偈语，无疑就是一纸宣判书，判决白蛇终身监禁。

日本的《两月物语》第 4 卷《蛇性之淫》也是一个人蛇相恋的故事[10]，基本上可以说是受到中国白蛇许仙故事影响而写成的，因为情节大部分相同，而且更有能剧《道成寺》的联想痕迹，最明显便是收服蛇精的人是来自《道成寺》的“法海和尚”。现在且在下面简略比较一下中日故事的异同。

《蛇性之淫》里说大宅丰雄一日外出适逢大雨，碰见名叫真女儿的妇人，妇人原是蛇精的幻变，一见丰雄而钟情，便以借伞为名，得与丰雄亲近，与中国故事如出一辙。跟着真女儿并非以库银赠丰雄，而以一柄名贵的大刀相赠，以定情，但大刀原是京都大臣向神祈愿时奉献的许多宝物中之一种，而情节发展和中国故事一样，丰雄因此得罪而入狱百天，出狱后便去大和国投靠他的姐姐及姐夫（而中国故事便以许仙居住在他姐姐及姐夫处开始）。蛇妖跟来和丰雄再续前缘，但丰雄后来听从了在大和神庙任职的老翁当麻酒人的劝告，回到父母的家乡，丰雄的双亲和他的大哥知道蛇妖之事后，为了防范妖怪再来纠缠丰雄，便找到一个庄司的女儿富子来作丰雄的媳妇，还让丰雄入赘。丰雄也很满意他新婚妻子的容貌，过门第一晚，平安无事，第二夜的情节，却是中国故事所没有的，因为它呈现出日本鬼怪故事的精华——

到了第二个晚上，丰雄喝了点酒，带着醉意说：

“你在宫中生活了多久，对我这个粗鄙的乡下人定感到无味，你在京都时，一定和很多将军、宰相睡过觉吧。我一想到这些，心里就不舒服。”

虽然丰雄是开玩笑的酒话，但富子忽然生气地抬起头来，说：“你把昔日的旧爱都忘了，才真的是无情无义，现在你说恨我，其实应该是我恨你呢！”富子这样说着，外貌慢慢变了，声音的调子赫然是真女儿的。丰雄毛骨悚然，呆然发愣，不知如何是好。[11]

上面这段生动的描写，充满了神怪小说的基本成分——悬疑、迭宕、戏剧性、恐怖与猝不及防，我们似乎从一张脸的变形、一种声调的变化，看到一个男人最恐惧的梦魇——他最害怕的女人竟然又以他身边最亲近的人的身份出现，而且充满恨意。

接下来的情节又与中国故事相同，丰雄找到法海和尚降伏了白蛇，最初不是用钵盂，而是用和尚的袈裟，罩着妇人，待法海和尚赶来，才把白蛇抓起来，放进弟子递过来的铁钵中。

由此看出，中日故事中人蛇相恋最大的障碍仍然是人兽之别，可是我们又进一步看出，兽已变人，为什么仍无法结合？而更令人费解的是，为什么蛇妖是女人？

假如前面西方《创世纪》的失乐园与东方文化传统毫无关联，那么为什么会在女人与蛇的形象结合中产生辐合（convergence）？我们试从这几篇中日故事中探讨男性权威主义下社会的心态。

即使在《道成寺》中，妖蛇缠绕大钟，而以尾击钟的怖惧形象是极端摄人心神的，而让男性最感恐惧的是那种女性阴柔的“七缠八缠”致人死命的窒息感，而所谓“缠绕”，不只是男女间的感情纠缠，更是让男性有脱身不得的囚禁象征（imprisonment），这种被囚禁的惧怕（phobia）与被阉割的惧怕（castration fear）是一样的，被阉割是男人害怕失去男性表征的恐惧，但被缠绕是男性权威被蛊惑（captivated）后成为俘虏（captive）的代表，于是强者徒然变成弱者，自由沦为囚禁；许仙自与白娘子成亲后，一日外出到承天寺，碰到终南山的道士：

> 那先生在人丛中，看见许仙头上一道黑气，必有妖怪缠他。叫道："你近来有一妖怪缠你，其害非轻！我与你二道灵符，救你性命。一道符三更烧，一道符放在自己头发内。"
>
> 许仙接了符，纳头便拜，肚内道："我也八九分疑惑那妇人是妖怪，真个是实。"谢了先生，径回店中。[12]

在上面的叙述里，我们看到的是"妖怪缠你"，不是陷害或伤害，而是使男人脱身不得的"缠绕"，符合女性与蛇的形象。后来更明显的是，许仙拿回家的灵符不灵，对蛇精毫无效果，而蛇精翌日出去与道士斗法，结果又是男性的道士输了，而且又被缠缚起来吊在半空：

> 白娘子道："众位官人在此，他捉我不得。我自小学得个戏术，且把先生试来与众人看。"
>
> 只见白娘子口内喃喃的，不知念些甚么，把那先生却似有人擒的一般，缩做一堆，悬空而起。众人看了，齐吃一惊，许仙呆了。
>
> 娘子道："若不是众位面上，把这先生吊他一年。"[13]

由此可知，白娘子的确有"缠人"的本事，并不只是与许仙感情上的象征，而现实上的这个女人，的确拥有妖怪的法术，就是连终南山的道士也敌不过她。

待到白娘子在金山寺外渡船头碰到佛法无边的法海禅师，知道抵敌不过，和她的婢女青青翻下海底逃去了，禅师和许仙的对话是这样的：

禅师道："你如何遇着这妇人？"

许仙把前项事情从头说了一遍。禅师听罢，道："这妇人正是妖怪。汝可速回杭州去。如再来缠汝，可到湖南净慈寺来寻我。"有诗四句：

本是妖精变妇人，西湖岸上万娇声。

汝因不识遭他计，有难湖南见老僧。[14]

由此真相已经大白，白娘子的确是妖精变成的妇人，她对许仙无私的爱情，在其他人眼中，不过是妖精缠困男人的"娇声"手段罢了。

女人的娇声就是《雨月物语》内的《蛇性之淫》。丰雄与真女儿碰到大和神庙行道的老翁当麻酒人，白蛇知道不敌，与婢女跳入瀑布逃生。瞬间瀑布的水高涨涌上岸来，云顿然像被泼上墨汁，迅速扩大，接着雨就像竹竿般激射下来，老翁带领众人离开现场，跟着是他和丰雄的对话：

"我一直注意你的面相，并发现你已为妖所惑，如果不救，你就会因此命丧，务必小心才好。"

丰雄跪在地上，磕了一个头，把事情的始末全说给老翁听，说毕，又恳求老翁：

"请你无论如何帮忙，救我一命。"老翁道："本是这样的，这妖精原是一条千年大蛇，生性淫乱，如果与牛交配，便生出麟，与马交配，便生出龙马。她以美色迷惑你，是因见你俊俏，因而生情，既然对你如此倾心，你更要小心，不然性命不保。"[15]

《五杂俎》卷九有下面一段记载：

龙性最淫，故与牛交则生麟，与豕交则生象，与马交则生龙马；即妇人遇之，亦有为其所污者。岭南人有善致雨者，幕少女于空中，驱龙使起，龙见女即回翔欲合，其人复以法禁使不得近，少焉，雨已沾足矣。[16]

自古龙蛇同为鳞介类（scaly reptiles），《易经·系辞》已有"龙蛇之蛰，以存身也"[17]，大概飞龙在天者为龙，在地爬虫者为蛇，而龙除能兴云布雨之外，更善变化，最著名的龙变蛇的故事是《封神演义》中哪吒与东海龙王敖广相斗之事，哪吒误伤龙太子后，敖广告上天庭，然哪吒已得消息，早在天门等待，结果又把敖广痛殴一顿：

古云："龙怕揭鳞，虎怕抽筋。"哪吒将敖广朝服一把拉去了半边，左肋下露出鳞甲。哪吒用手连抓数把，抓下四五十片鳞甲，鲜血淋漓，痛伤骨髓。敖广疼痛难忍，只叫"饶命！"哪吒曰："你要我饶命，我不许你上本，跟我往陈塘

> 关去，我就饶你……”敖广遇着恶人，莫敢奈何，只得应承：“愿随你去！”哪吒曰：“放你起来。”敖广起来，正欲同行，哪吒曰：“尝闻龙会变化，要大便轰天柱地，要小便芥子藏身。我怕你走了，往何处寻你。你变一个小小蛇儿，我带你回去。”敖广不得脱身，没奈何，只得化一个小青蛇儿。[18]

龙变蛇的例子已如前述，龙变马最著名的故事当然是《西游记》第15回《鹰愁涧意马收缰》中的玉龙三太子变成白马为唐僧坐骑。古代神话系统中将马与龙连在一起最早见于《尚书》：“帝尧即政，龙马衔甲，赤文绿色，自河而出。”[19]但龙象有所不同，自河而出的龙马，可以说是神话中的亦龙亦马，而后世的演变中，马之良者称“龙马”，可见后来龙马已是马而非龙。龙象一开始便不是一体，把它们连在一体的原因只是佛教中修行勇猛而具大气力者叫“龙象”，譬如大龙象菩萨，《智度论》中有载“是五千阿罗汉，于诸阿罗汉中最大力，以是故言如龙如象；水行中龙力大，陆行中象力大”[20]。由此可知，因为龙在东方文化中的统治意象，它已经与其他生物的性格连接在一起，又据英籍东方学学者威廉姆斯（C.A.S.Williams）对龙的种种考证，更指出龙分三大类，在天飞翔者为龙，在海无角者为螈，在山川草泽有鳞介者为蛟[21]，足见龙腾挪于海陆空的宇宙里，更有着变幻万千的能力。至于《五杂俎》内载龙与其他动物杂交而繁殖出异种后代，应该是基于龙长久在中国神话中的种种演变而成，并无太多的来源，譬如“与牛交则生麟”一则甚为暧昧，本来麒麟已有龙马之义，并为四灵之一（其他为凤、龟、龙），与牛的关联大概是麒麟的身体特色为独角、麇身与牛尾。

以上对龙的种种考证，主要是指出《蛇性之淫》内老翁与丰雄一段话的来源，但这些考证并非这段话的主旨，我们既已在上面证明了龙蛇的关系，则这段话的主旨便是说明蛇性的淫荡，尤其是一条女性的蛇。

关于在东方以这类隐闭性的神话与传说来显露出社会对性及女性的态度，我们可以在福柯的《性的历史》一书中比较东西方对性的态度的异同，以得到进一步的引证，福柯这样说过：

> 自历史而言，有两个重要过程产生出性的真相。从一方面来看，很多社会如中国、日本、罗马以及阿拉伯——回教社会等都赋予自己一种“性的艺术”（ars erotica）。在这种性艺术里，真相来自享乐，从实践中得到了解，再累积成为经验；享乐并未视为与法律上的允许与禁止有任何关联，亦不被视作实用的标准，它的首要性在于它本身，以享乐作为经验，并且以它在灵欲中的聚凑性、特异性、持续性及反射性作评估。此外，这种知识一定要转折回到性的实践中，让它看作一种由内形诸外的效果。这么一来，知识方面的形成便必须保留它的隐秘，不是因为它可能牵涉的对象有什么耻于启齿，而是必须如此才能保留它最高度的隐秘。自传统而言，一旦广为流传，则优点与功效便会丧失。所以它与拥有这项不传之秘的大师的关系极端重要，只有这位大师单独以秘传方式把这种艺术转授，同时以循循善诱的方式的无穷技巧及精确引导学生更上层楼。[22]

福柯所谓产生出性的真理的另一个历史过程是指西方的“性的科学”（scientia sexualis），虽然后来他对希腊罗马人的性享乐观稍有修改[23]，但并不影响他对东方“性的艺术”的精确判断。上文中所指出知识的隐秘（secret）、高度的隐秘（reserve）以及秘传（esoteric）方式等都是东方人对性的基本态度，更由于基本的享乐观，更令真相与西方科学的性背道而驰，自文学艺术而言，因为强调感官享乐经验以及神秘主义带来自宇宙奥秘中获取知识的快感，使各种夸大不实的怪诞描写都披上了一层浪漫而超现实的外衣，同时因为对性的个人隐私性、超越法理之外，更让个人的心理偏见（尤其男性方面）发挥至极点。

《五杂俎》内有关《龙性最淫》一段、《雨月物语》内《蛇性之淫》的故事以及《警世通言》白娘子色缠许仙，都是男性心理在性方面利用“性的艺术”种种的迫害。

值得我们注意的是，《五杂俎》内的龙，是男性的龙，由于它的杂交（promiscuity），产生出龙的变种，但是当它由这种神话原型演变为蛇，继而变化为缠绕男人的蛇女后，则它的男型杂交已让渡入女型繁殖（fertility），而最后被定罪为人尽可夫的淫荡。

可是我们旋即发觉，在《雨月物语》及《警世通言》的白蛇故事里，两个蛇女都是痴情的从一而终的女人，那又有什么淫荡可言呢？至于她们可怖的恨意，也是在被男人抛弃后的正常反应，为什么非要制服她们于钵盂及塔底之下呢？

答案仍然在于《五杂俎》最初的《龙性最淫》，因为我们一旦证明了两个女子为蛇精，再将蛇龙联系在一起，则结论的演变就成了下面的公式：

龙性最淫→蛇性最淫→女性最淫

则无论白娘子与真女儿如何倾心相爱许仙及丰雄，她们的结局注定是悲惨的，因为她们心中的“相爱”，在她们男人心中是“相缠”，为了摆脱这种男性的梦魇（因为男人更害怕复仇式的“相害”），所以才在故事结局中产生“囚禁”的主题。

美国学者德勒莎·狄罗丽蒂丝（Teresa de Lauretis）在讨论电影与语言中的女性形象时[24]，曾引用当今意大利后现代小说大师卡尔维诺（Italo Calvino）的一本后设小说《隐形城市》（*Invisible Cities*）内的一章，叙说一个所谓欲望城市是怎样建成的：

> 关于这座城市的兴建他们有以下的传说：最初从不同国家而来的男人都做了同样的梦，他们梦见一个长发赤裸的女人在他们前面奔走，在黑夜里穿过一个陌生的城市。在梦中，他们追逐她，但迂回数转就各人分别失去她的踪影。梦醒后，他们出发去找寻梦中的城市，但一直没找到，只找到彼此大家，于是他们决定要建筑一座像梦中的城市，在设计街道时，每人都按照他的追逐路线以及失手逃亡女人的地点，去规划一些与梦中不一样的围墙与空间，这样她再没有办法脱逃了。[25]

但是每人以后都没有再见到那女人，无论在梦中或醒着，这女人再没有出现，于是他们走过这些街道去上班，慢慢淡忘了梦中之事或追捕女人的企图。新的市民不断加入这城市，他们都曾有过同样的梦，而他们又按着梦境的记忆去增设一些长廊或梯级，以便能更贴切地按照梦境的追逐图形围堵，务使这女人无法逃脱。

狄罗丽蒂丝教授的文章所关心的是女性形象在现代电影以及语言中被扭曲及囚禁的问题，但是她用了卡尔维诺的小说来引出女性为文本（text），实在贴切不过，因为女性本来就是男性社会创造力的泉源，例如梦境（想象）的刺激以及艺术成品的完成（城市），但在男性统治的权力下，女人成为出猎时的猎物，她们永远成为狩猎与征服的对象，他们千方百计，就是要设计出种种围捕的网络，以便把女人禁囚。但是狄罗丽蒂丝教授没有提出的是，为什么会产生这种追捕与囚禁心理？

我们仍然可以从卡尔维诺的小说追踪这种男性心理的产生，《隐形城市》本来就是一本后现代小说，以《十日谈》或《一千零一夜》般的故事述说方式，借马可・波罗与忽必烈的对谈，呈现出各类虚幻缥缈的旅行经过与城市。在马可・波罗向中国皇帝的追述中（其实不过是想象的飞扬罢了），我们看到各种不同的梦幻城市，包括城市与追忆（cities and memories），城市与欲（cities and desires）及城市与图形（cities and signs）等，研究卡尔维诺小说的学者，更以这本书的“心灵地理”（mental topography）作为怪异（fantasy）写作的新里程[26]，并且以各类城市作科幻式分类，这是卡尔维诺后现代的一面，但在描述上面男人梦中追捕女人的城市（城市与欲望之五）前面，我们还看到忽必烈与马可・波罗一段小小的插曲。

我们的中国皇帝也不是笨骡，他在深宫中虽然无聊，并且有马可・波罗说故事来打发日子，但是故事听得多了，自然觉得子虚乌有，自己也可以粉墨登场来说说故事，终于有一天，他打断了马可·波罗，要自己来说，但马可·波罗坚持非由他来说不可，因为他的故事是有连贯性的，而皇帝的只不过是跑龙套吧，马可·波罗强调的连贯性是：

> 关于城市，就像不断的梦；凡能想象到的都可以梦到，但即使是最梦想不到的梦，也是一种蕴含着欲望的谜，或它的反面——一种恐惧的谜。城市就像梦一样，是由欲望及恐惧做成的，即使表面论述的线索是如何的隐秘，规矩是如何的荒谬，透视如何虚假，每种事物都内里有因。[27]

“欲望之谜”与“恐惧之谜”正是男性潜意识的最佳写照，我们在卡尔维诺小说中看到的是一个陌生的女人，男性社会对她一方面迷恋，另一方面又毫无所知，正如中日故事内的白蛇！所有降伏蛇妖的理由与手段都是男人们按照他们梦境要建筑的围城，每人按照着个人与这陌生女人接触的经验去实现逮捕的理想（欲望），其实这理想就是占有，但是在另一方面，他们的恐惧又驱使他们营造种种囚禁的措施，虽然在表面上，他们做得非常隐秘，想出来的规矩又是非常的荒谬，整个事件的透视非常虚假，在中日故事里，我们不断从妖精害人、女性迷惑男性以及佛法无边，拯救无辜男人中得到印证。

于是，西方的男人不断做城，东方的男人不断做塔，白娘子终于被压在雷峰塔下。鲁迅在《论雷峰塔的倒掉》一文中这样说：

我的祖母曾经常常对我说，白蛇娘娘就被压在这塔底下。有个叫作许仙的人救了两条蛇，一青一白，后来白蛇便化作女人来报恩，嫁给许仙了；青蛇化作丫鬟，也跟着。一个和尚，法海禅师，得道的禅师，看见许仙脸上有妖气，——凡讨妖怪做老婆的人，脸上就有妖气的，但只有非凡的人才看得出，——便将他藏在金山寺的法座后，白蛇娘娘来寻夫，于是“水漫金山”。……总而言之，白蛇娘娘终于中了法海的计策，被装在一个小小的钵盂里了。钵盂埋在地里，上面还造起一座镇压的塔来，这就是雷峰塔。[28]

鲁迅的论述正是代表后世对白蛇被镇压下场的一种反动，由于白蛇故事广为流传，除了影响前述的日本故事《蛇性之淫》，中国后传的版本大同小异，大都根据宋明话本说书人的口气与立场，譬如清朝墨浪子所著以西湖名胜为背景的通俗小说《西湖佳话》[29]，内收《雷峰怪迹》一篇，其内容文字十之八九多是抄袭《警世通言》内《白娘子永镇雷峰塔》，了无新意，但是在其他民间传说里，我们开始看到另一种述说，就是以同情白蛇为正面人物，厌恶不近人情的法海为反面人物，《西湖民间故事》[30]内收《白娘子》一篇，足可以代表白蛇故事在后世的演变。日本学者青木正儿在论中国近代世戏曲的发展中，亦有提及白蛇故事在弹词戏曲中的演变过程，在清代乾隆以来，《雷峰塔》为盛行戏场中之一出，他说：

《雷峰塔》一名《白蛇传》，演关于杭州西湖雷峰塔缘起之著名传说者。据清陆次云《湖壖杂记》，俗传西湖中有青鱼、白蛇二妖，五代时建雷峰塔谓“塔倒湖干方许出世”以镇之云。观明嘉靖间田汝成《西湖志余》（卷二十）所举当时流行杭州之盲人陶真所演述题目中有《雷峰塔》，则此剧所本，当为民间演述之传说。此故事既见于小说《西湖佳话》中，亦谱为弹词，脍炙人口。日本上田秋成之《雨月物语》中《蛇性之淫》一篇即翻案此事而作者也（当系采自《西湖佳话》之中）。此剧至今，其数出尚盛行戏场中，然原本稀少，未得寓目。余所见者，为乾隆间方成培之改本（有乾隆三十六年自序）四卷三十四出，以之与“缀白裘”“六也曲谱”中散出比较之，曲白均其变易，唯结构上无大差异，又通行本有若干出增减处，各出末，评语中，往往言及之。但全剧结构以与旧本无大差异。[31]

据青木正儿略述方成培之改本《雷峰塔》一剧的梗概，我们发觉，到了清代，白蛇的同伴青鱼已改变为青蛇，更明显地突出蛇类的两种不同性格——白蛇温婉情深，青蛇刚直务实，另外添增了下列几项：（1）白蛇的出身，原自峨眉山，因窃食西王母蟠桃，经修炼遂成白云仙姑。尘念未绝，乃偕同千年修炼的青蛇来到凡间，白称“白娘”，青称“青儿”，欲觅美少年为偶。（2）端午日许仙强以雄黄酒饮醉白娘，遂现本相，许仙见而惊绝，白娘遂趋嵩山盗求南极仙翁之仙草，以醒许仙。（3）许仙不听白娘劝阻，携香木诣金山寺见法海禅师。（4）白娘以法海法力无边，并能阻止许仙还家，遂与青儿到金山寺欲夺回许仙，未果，乃指挥水族发大水，水淹金山寺。（5）许仙暂回杭州，而白娘已受许仙之孕，将近临盆，乃至断桥亭时，腹痛不能前进，青儿扶之憩息亭中，适许仙过断桥，遂与白娘相会，白娘陈怨言，极为凄艳，许仙痛谢前非，携白娘回许之姊夫家中。（6）白蛇产子，法海亲来降服白蛇，白娘早上方正理发之际，法海忽然出现，以铁钵罩在白娘头上，白忽不见，仅有一小蛇蟠居铁钵之内。[32]

如果我们把上面的六项，与最早的白蛇故事（《警世通言》或《西湖佳话》）比较，则我们发觉白蛇与许仙的性格塑造已经有了很大的转变：（1）白蛇的妖身已提升为与西王母娘娘有关的白云仙姑。（2）许仙以雄黄酒害白蛇，但白蛇成了许的救命恩人，因她不辞辛苦到南极仙翁处欲盗仙草救她夫君。（3）白娘爱夫情深，水淹金山。（4）断桥中一对情侣误会冰释，白娘回家产子。（5）许仙虽然是一个摇摆不定的男人（因为他有被妖精缠绕的恐惧），但和以前的故事不同，许仙并非害白蛇的凶手，法海方是，如此一来，法海是恶僧，白娘是痴情女子。

青木正儿给予上面改本的评语是：

> 今“水斗”“断桥”二出，最流行歌场中，艳丽之中，鬼气逼人，别具一种风格，亦杰构也。[33]

但我们看得更清楚的是，无论是剧作家或观众，都越来越同情白蛇的命运，于是她成了一个受害者，她再不是人兽不能结合的借口，也不是正统佛法与邪魔相斗下的牺牲品，她是彻底被降伏于人为的律法，因为最重要的是，她自始至终，是一个爱情至上者，更从未滥害无辜，人们开始对这一个清白女性的蒙冤而产生怀疑，更赋予无限的同情，这就是白蛇由反派角色转变为正面人物的原因。

从昆曲发展入近代的京剧，白蛇的性格越来越明显，且以《金山寺》（即《水斗》）与《断桥亭》（即《断桥》）为例，就有梅兰芳演出的“整理本”，据 1955 年中国戏曲研究院编辑在上海出版的《京剧丛刊》中，就有对这两折戏的整理本作出一个交代，在《前记》中有下面一段文字：

> 这两个昆曲剧目是依据梅兰芳先生的最近演出本进行整理的。旧曲本《金山寺》中青蛇的性格前后不统一，又《断桥亭》中的法海是一个不必要的人物。这两点，梅先生在近年的演出中均已分别加以修改。
>
> “整理本”除对个别词句略加润色外，并修改了下述两点：
>
> （一）旧曲本，法海在《金山寺》中有“残害了百万生灵罪怎消”与“付汝钵儿将她收罩”两句唱词；前者使法海收服白蛇有所借口，后者有损于许仙的性格。“整理本”均作了适当的修改。
>
> （二）这两折昆曲在舞台艺术上是经过多年演出已经定型的传统剧目，其中关于许仙的性格，“整理本”只将一些过分不合情理的地方加以修改。[34]

由此可知，白蛇与许仙角色的重新塑造是必然的，过去传统故事的角色不只不合情理，而且不协调（incongruous），白蛇是蛇，有蛇的弱点，许仙是人，也有人的弱点，但更重要的是白蛇是女人，她不应该是男人社会的牺牲品。

于是法海的崇高地位开始动摇，而且每况愈下，他越来越像一种蛮横无理的社会道德与权威，我们且看“整理本”内《金山寺》一折中的对话：

白蛇：　啊，老禅师！

青蛇：　老师父！

白蛇：　你是佛门弟子，岂无菩提之心介！

白蛇、青蛇：（接唱）望恁个慈悲方便，放出俺夫曹。俺这里、俺这里礼拜焚香比天高。

法海：　我将你妖变根由，一一对他说明，他今害怕，不愿与你再为夫妇，你何必苦苦地缠他。

白蛇：　青儿呀！我这般哀求，他只是不肯放还。

青蛇：　这秃驴实在的可恶。

白蛇：　哎呀！秃驴呀！你拆散人家夫妻，天理何在？

青蛇：　是啊，你天理何在？

法海：　你既知天理，为何在世上害人？

白蛇：　我敬夫如天，何曾害他！你明明煽惑人心，使我夫妻离散；你既不仁，哎呀，罢！我和你誓不两立矣。

青蛇：　　　娘娘与他见个高下。

法海：　　　俺的佛力无边。

白蛇、青蛇：（接唱）只看俺女罗刹将伊万剐凌迟，将皮来剥。

法海：　　　孽畜这等可恶，青龙禅杖打这妖魔！[35]

法海的横加插手，棒打鸳鸯，鲁迅也有这样的评语："和尚本应该只管自己念经。白蛇自迷许仙，许仙自娶妖怪，和别人有什么相干呢？他偏要放下经卷，横来招是搬非，大约是怀着嫉妒吧，——那简直是一定的。"[36]

鲁迅轻描淡写的几句话，却轻松地道尽人性最沉重的枷锁、问题的症结仍在法海，因为他变成了社会礼教的化身，他的干扰（interference），就是社会标准加诸人性的束缚，削弱了人的"自我"，而鲁迅强调的也是白蛇"自迷"许仙，许仙"自娶"妖怪，那么又干法海什么事呢？如果我们撇开那些崇高的道德标准，而纯从人性来看，虽然鲁迅刻薄地嘲讽和尚本应该只管自己念经（当然也暗示和尚是单身汉），所以他干扰的人性动机是嫉妒——自己没有的东西，别人也不许有——"那简直是一定的"，但是这里最大的反讽不是嫉妒本质，而是"嫉妒"一词的语源（etymology）。该二字从"女"旁，虽然最早见屈原《离骚》中"各兴心而嫉妒"，王逸并注云"害贤曰嫉，害色曰妒"[37]，但发展到后来的《说文解字》已是两字不分，亦即指妇人相嫉妒之意，《雨月物语》内的《吉备津之釜》及《剪灯新话》内的《牡丹灯记》都充满着妒妇复仇的描写[38]，但这儿我们看到的竟是男性的"嫉妒"。

民间对法海的谴责终于从白蛇故事发展为“蟹和尚”故事，根据《西湖民间故事》内的《白蛇传》，法海禅师原来不是和尚，他原竟是一只躲在西天如来佛莲座底下听经的乌龟：

> 乌龟听了几年经，也学到一些法术，乘如来佛讲经歇下来打瞌睡那一会儿，便偷了他三样宝贝——金钵、袈裟和青龙禅杖，跑到凡间来了。
>
> 乌龟在地面上翻个筋斗，变成一个又黑又粗的莽和尚，他想想自己法术强，本领大，就起名叫法海。[39]

等到白蛇被他降伏，压在雷峰塔下，多少年后小青练好功夫把白娘子救出来，法海不敌她们，掉到西湖里：

> 白娘子见法海和尚掉在西湖里，便从头上拔下一股金钗，迎风一晃，变成一面小小的令旗。小青接过令旗，举上头顶倒摇三摇，西湖里的水便一下干了。湖底朝了天，法海和尚东躲西藏，找不着一个稳当的地方。最后，他看见螃蟹的肚脐下有一丝缝隙，便一头钻了进去。螃蟹把肚脐一缩，法海和尚就被关在里面了。
>
> 法海和尚被关在螃蟹肚子里，从此再也出不来啦。——原先，螃蟹是直着走路的，自从肚子里钻进那横行霸道的法海和尚，就再也直走不得，只好横着爬行了。直到今天，我们吃螃蟹的时候，揭开它的背壳，还能在里面找到这个躲着的秃头和尚哩！[40]

这当然是大快人心的结局，虽然在这类民间故事的发展里，在不同的传说中有着大同小异的收场，譬如在上面的《白娘子》里，就缺少了在戏剧中后来发展而得精彩绝伦的“祭塔”，据说白娘子（白素贞）产子（许仕林）后被囚雷峰塔，16年后，仕林哭至塔边与母相会，但小青在旁劝仕林先上京应考，待封官后再回来救母，果然仕林高中状元，并得圣旨回来解救塔内的母亲，于是雷峰塔倒，白蛇重现，当日法海禅师的偈语并没有应验，因为白蛇并没有等到“西湖水干，江湖（另有版本作“潮”）不起”，世间的爱情令人悲哀，除了许仙这类摇摆不定、胸无主见的男人，还有种种道德及伦理规范造成无数苦命鸳鸯，但是似乎公道的人心并没有放弃每一种平反的机会，仕林祭塔救母，就显示出亲情与爱情同样伟大，这仍然是一个有情世界，大家都没有绝望。

（本文得承简媜、李惠绵两位代为搜查僻典，得以完成，特此致谢。）

注　释

［1］《道成寺》一剧的原作者，未能确实，古本大多以佚名称之，另一说则谓该剧为观阿弥所制，世阿弥修改而成，又据当代美国学者DonaldKeene之考证，强调为世阿弥之外甥、音阿弥之第七儿子观世小次郎信光（1435—1516）所著。有关该剧的翻译，我在此参阅Keene之英译《廿出能剧》（*20 Plays of the No Theatre*, 1970, ColumbiaU.P.）及袭用北京人民文学出版社的中译本《日本谣曲狂言选》（1985）内《道成寺》一剧，此段剧情引自中译本第112~113页，下均如此，不再赘述。

［2］庄文端．福柯论“监狱的诞生”．当代（台北）创刊号，1986：34。详情当参阅福柯本人的专著，该书已有中译本《惩罚——监狱的诞生》，台北桂冠出版社 1992 年版。

［3］陈永正，选注．李商隐诗选．香港：香港三联书店，1981：190。全诗为“云母屏风烛影深，长河渐落晓星沉。嫦娥应悔偷灵药，碧海青天夜夜心”。

［4］见《米歇尔·福柯访问录，1977—1984》，克里兹曼编选，第 102 页。作者自译，读者宜参阅全文见 Lawrence D. Krjtzman,ed.Michel Foucault:*Interviews and Other writing1977—1984,Routledge*,Chapman,and Hall，1988。

［5］可参阅黄道琳《知识与权力的毁解——米歇尔·福柯及其思想》，见注［2］，第 32 页。这是一篇很全面地论述福柯思想的文章。福柯原文（英译）见 Paul Rabinow ,ed.*The Foucault Reader*.New York: Pantheon,1984：17。

［6］［7］［8］［9］［12］［13］［14］见《警世通言》卷 28，我在此采用了有标点符号的《中国传统短篇小说选集》内的《白娘子永镇雷峰塔》，马幼垣、刘绍铭、胡万川合编，台北联经出版公司 1979 年版。

［10］［11］［15］日本古典文学大系《上田秋成集》内《雨月物语·蛇性之淫》，中村幸彦注，日本岩波书店昭和三十四年（1979）：98~121。

［16］谢肇淛．五杂俎（第 9 卷）// 笔记小说大观（八编）。

［17］《周易·系辞》下第八．王韩，注．台北：中华书局，1969 年第二版。其上下文为“尺蠖之屈，以求信也。龙蛇之蛰，以存身也。精义入神，以致用也。利用安身，以崇德也”。

[18]《封神榜》第 13 回《太乙真人收石矶》，该书原作者亦无法稽查，现均作许仲琳著，新加坡星洲世界书局出版，第 106 页。

[19] 吴承恩《西游记》第 15 回中有南海观世音菩萨助孙悟空降伏玉龙太子之事：“菩萨上前，把那小龙的项下明珠摘了，将杨柳枝蘸出甘露，往他身上拂了一拂，吹口仙气，喝声叫‘变！’那龙即变作他原来的马匹毛片。”又《辞海》中有“龙马”一项，载《尚书中候・握河纪》内“帝尧即政，龙马衔甲……”一段，并注“龙而形象马，突云马，甲所以藏图，王者有仁德则龙马见，其文赤色而绿地也”。见《辞海（下册）》，台北：中华书局，第 3391 页。《尚书》流传至今，“古文”“今文”错杂，难辨真伪，然《尚书中候・握河纪》一篇均未列现存版本，多是伪作，内文亦可作古代神话传说视之。详文可参阅光绪年间皮锡瑞的《尚书中候疏证》一书，并有皮序。

[20] 丁福保 . 佛学大辞典（下册）. 台北：台北佛教慈济文化志业中心，1989。内载“龙象”条目（第 2723 页）：Naga，梵语，那伽。译曰“龙”，又译“象”。诸阿罗汉中，修行勇猛，有最大力者，佛氏称为“龙象”。《智度论三》曰：“那伽，或名龙，或名象，是五千阿罗汉……”

[21] C.A.S. Williams. *Outlines of Chinese Symbolism and Art Motives*. Reprint,Taipei。此书最早应成于 1932 年。

[22] Michel Foucault.*The History of Sexuality*.New York: Vintage, 1990: 57~58。作者自译，中译本有尚衡译《性意识史——第一卷之导论》，台北：久大桂冠，1990。

[23] 1983 年 4 月，福柯在美国加州柏克莱与学者 Paul Rainbow 及 Hubert Dreyfus 共同主持了一连串讨论会，虽然并未经福柯本人事后作学术性整理，但交谈纪录分别以英文及法文发表于各大杂志，中文翻译最

早有韩立翔译的一篇《性爱、伦理及其他》（载台北《当代》创刊号，见注［2］），取自法文版《新观察家》杂志。我取自由 Paul Rainbow 主编之英文版 *The Foucault Reader*（见注［5］），内里福柯曾修正他对西方（希腊古代）“性的科学”的看法，他后来觉得希腊人也有一种享乐观的“生活艺术”（techne tou biou），能够利用这种快乐的生活艺术让人产生一种抑制作用。见该书第 347、348 页。

［24］Teresa de Lauretis.Alice Doesn’t:*Feminism, Semiotics,Cinema*, Chapter 2,“Imaging”.Indiana University Press, Bloomington，1984。

［25］［27］Italo Calvino,*Invisible Cities*,trans.from Italian by William Weaver,New York:Harcouzr Brace Jovanovich，1972。作者自译。读者可参阅中译本《看不见的城市》，王志弘译，台北时报文化企业有限公司 1993 年版。

［26］Albert Howard Carter, III.*Italo Calvino:Metamorphosis of Fantasy*, UMI Research Press,Ann Arbor,1987。

［28］［36］鲁迅 . 论雷峰塔的倒掉 // 鲁迅全集（第 1 卷）. 文学研究社。

［29］吴墨浪子，辑 . 西湖佳话 . 杭州：浙江人民出版社，1981：266。

［30］［39］［40］杭州市文化局，编 . 西湖民间故事 . 杭州：浙江人民出版社，1978：28。我在此十分感谢加拿大塞满・菲莎大学的 Jan & Yvonne Walls 教授夫妇提供这篇中文故事，他们同时也是《西湖民间故事》一书的英译者，见香港三联书店出版的 *West Lake:A Collection of Folktales*.Joint Publishing Co,Hong Kong,1983。有关白蛇故事种种的版本演变，可参阅傅惜华编的《白蛇传集》，上海古籍出版社 1987 年版。

[31][32][33]青木正儿.中国近世戏曲史（上册）.王吉庐，译.台北：商务印书馆，1965：430~431。

[34][35]中国戏曲研究院，编辑.京剧丛刊.上海：新文艺出版社。

[37]《离骚》中另有句“众女嫉余之娥眉兮，谣诼谓余以善淫”，更突出了女性身份。

[38]请参阅拙文《幽明异趣》，见张错《从莎士比亚到上田秋成》，台北联经出版事业公司1979年版。此为《牡丹灯记》及《吉备津之釜》两个中日故事的比较。

八、缺憾的完成
——《三国演义》的悲剧架构

（一）残缺的布局

在故事文本尚未开始“天下大势，分久必合，合久必分”的历史真理前，《三国演义》开场诗《西江月》内种种感叹，已经预设着霸业辉煌的虚幻、生命的无常以及时间的急促无情。诗人借浪淘沙的明喻，以一去不回头的东流逝水，作为英雄们争锋场景，浮沉起伏，最后给时间淘洗得无影无踪。无常生命带动着是非成败，谁胜谁负，谁是谁非，亦不过如释家虚空名相，在无限的夕阳青山时空里，“转头”一刹那而已。[1]

但是所谓白发渔樵，其实不只是劫后余生的局中人，还暗指日后史家和读者旁观者身份。那种世外有如渔樵身份的超然回顾，就像希腊悲剧观众所承受的剧中故事的怜悯与恐惧（pity and fear），因而产生洗涤作用（catharsis），而在中国历史的训诲传统里，更能带动儒家忠孝节义的伦理价值观念。

因为白发沧桑，所以能以观众身份“惯看”历史时光里许许多多春花秋月的递变。而不同于台上的英雄人物，争相为一统天下大局竞互折腰。台下的史家和读者，更像布莱希特（B.Brecht）

的史诗剧场（epic theatre），充满着“疏离效果”（alienation effect），以冷漠疏离身份细观剧中人演出，在浊酒与笑谈的闲情里，更突显出当局者迷、旁观者清的“戏剧性讽刺”（dramatic irony）效果。[2]也就是说，在分久必合、合久必分的真理里，完整就是缺憾的开始，缺憾就是悲剧的完成。[3]

本文就是企图以演义故事的英雄幻灭到城邦（三国）残缺，建立一种叙事架构，换句话说，这些英雄壮志未酬，和国家无法整合，皆以缺憾主题反复穿越全书，所谓悲剧，实是这些缺憾的完成。

（二）The Wrath of Achilles（阿基里斯的愤怒）

希腊悲剧常以运数（fate）操纵英雄，而英雄的失败及毁灭，乃是来自他本身性格的缺陷（harmartia 或 tragic flaw）。在众多英雄短处里，愤怒为最经常出现而具爆炸性的本质。荷马史诗《伊利亚德》以希腊英雄间的龃龉开始，进而发展为刀枪不入的无敌英雄阿基里斯在盛怒之下，与特洛伊勇士赫克托尔决斗，两三回合就把赫克托尔杀了。赫克托尔临终前庄严恳求对方放过他的尸身，以让他父亲赎回特洛伊安葬。但盛怒之下的阿基里斯咆哮着回答：

> 你这哀鸣的狗！
> 不要用父母或死后之身哀求我，
> 你使我痛苦如斯，

我恨不能宰你而生食你肉！
世间无人能维护你这具腐臭皮囊，
无论他们出达十倍二十倍至无限赎金；
无论你父亲以你的体重量金而赎，
你永无一安眠之所，
你也无法让你母亲公开抚你而泣。
野犬和秃鹰会一片一片把你吃掉。[4]

这种愤怒与复仇在《三国演义》中屡见不鲜，而“大怒”两字，更在书中出现逾百次。当年王允用连环计杀董卓，其对董尸的残酷报复，一点不逊于阿基里斯的怒火：“又将董卓尸首，号令通衢。卓尸肥胖，军士以火置其脐为灯，膏流满地。百姓过者，莫不手掷其头，足践其尸。”[5]

曹操多疑，宁教我负天下人，休教天下人负我，杀吕伯奢全家。然而当他父亲一家遭黄巾余党杀害后，操闻之，哭倒于地，众人救起，操切齿起誓。

“陶谦纵兵杀吾父，此仇不共戴天！吾今悉起大军洗荡徐州，方雪吾恨”……操令但得城池，将城中百姓，尽行屠戮，以雪父仇。

陈宫来劝，操仍怒曰：

“……誓当摘胆剜心，以雪吾恨！”[6]

马超的际遇更为悲惨，父马腾为曹操所害后，大仇未雪，兵败入羌凡两载后，重整部队结好羌兵，攻取陇西各州郡。但旋为降将所陷害：

……超如何当得三路军马？大败奔回。走了一夜，比及天明，到了冀城叫门时，城上乱箭射下。梁宽赵衢立在城上，大骂马超；将马超妻杨氏从城上一刀砍了，撇下尸首来；又将马超幼子三人，并至亲十余口，都从城上一刀一个，剁将下来。超气噎塞胸，几乎堕下马来。背后夏侯渊引兵赶来……杀了一阵。零零落落，剩得五六十骑，连夜奔走。四更前后，走到历城下，守门者只道姜叙兵回，大开门接入。超从城南门边杀起，尽洗城中百姓。[7]

马超一天两夜的遭遇，有如轮回数世。他不但被自己身边将士出卖，兵败山倒，妻子家人更在眼前一一惨遭处决。自己空有一身勇猛，却无计可施，只能白白看着他们被杀。那种处境、心情，又如何能以“气噎塞胸”四字所涵盖？及至用计攻入历城，便尽洗百姓及叛将亲属以泄愤。

因此，阿基里斯的愤怒本质，也是曹操、马超、张飞或关羽等人的。按照弗洛伊德心理分析法，除了所谓欲念（libido）压抑，人本来就是攻击性的动物，[8]但是为了合群，同时组织族群社会，进入文明，他必须保持某种程度的“目的制约”（aim inhibition），从而产生强烈的群体认同（strong identification）。然而在行为上这种攻击性越是制约，潜意识的反抗也越大。弗氏引用了德国诗人海涅（Heine）一段有趣的心声。海涅说：

我的倾向其实非常温柔敦厚，我的愿望是一座简朴茅舍，一张舒服的床，每日鲜奶、牛油及美食，窗下花团锦簇，门前树木婆娑；假如上帝真的想我美梦成真，他会让我高兴地看到六七个我的敌人被吊死在那几棵树上。在他们奄奄一息时，我会大发慈悲宽恕他们生前对我的罪行。真的，人应该宽恕他的敌人，但绝不应在吊死他们之前。[9]

中国自春秋战国百家争鸣局面，演变为高度制约性的伦理社会，及至入汉，儒术独尊，更使人的许多兽性本能从强烈的族群认同转化入更深一层的人性“遵从”（conformity）。在群体认同方面，按弗氏之演绎，人类随着文明发展，开始由两性情欲，转化入群体，以“治国、平天下”。许多儿女私情，也就转化成公开社交“友情”（friendship）。而我们在《三国演义》里，更看到进展为结义的手足之情（brotherhood）。但这并不代表着人类攻击性本能（有时甚至是毁灭性）的消失，相反，却经常借机会宣泄。压抑越深，宣泄量越大，譬如激起的怨恨最终变成自我毁灭，关羽就是一个明显的例子。

关云长自从桃园结义，在兄长仁厚与三弟鲁莽之间的表现，一直都是折中性的忠义和高度智慧。无论曹操煮酒论英雄时，心系兄长安危而当机立断闯入后园，或刘备于徐州败于曹操，无路可走，暂降于曹营，却又“降汉不降曹”，都是高度理性的抉择。其兄弟结义之情更是凌驾一切，护送二嫂赴许昌时，奸诈的曹操“欲乱其君臣之礼”，然关公秉烛立于户外，自夜达旦。投曹后，操待之甚厚，三日小宴，五日大宴，又赐锦袍，但仍以旧袍罩穿于外，以念旧情。又得赐赤兔，喜而受之，乃因此马日行千里，若知其兄下落，一日即可见面。凡此种种，曹操待之越厚，越显得出关羽的忠肝义胆，手足情深。

至于其勇冠三军，匹马斩颜良，千里走单骑，过五关，斩六将，集忠义勇猛于一身。刘备三顾草庐，张飞数次动怒，皆是关云长冷静沉默，再三劝止。及至后来华容道上义释曹操，我们不但为他冷面心软（hardboiled）的性格所感动，而且觉得他的报恩作风，义薄云天，超越俗世滔滔。

但是我们很快发现，关羽拥有西方英雄所具备的许多悲剧因素。他的优点，竟同时也是缺点；上面提及勇冠三军的长胜无敌，却发展成日后与现实疏离的孤芳心态。[10]而一旦与现实疏离，许多判断便流入主观执拗，这种骄矜性格，埋伏下杀身之祸。譬如刘备入成都后，升擢降将马超、黄忠为平西将军及征西将军。关羽贵为荡寇将军汉寿亭侯，留守荊州，然终不服马超武艺高强，要入川比试高低，幸得孔明修书安抚，方取消入川之意。[11]及至刘备进位汉中王，分封关张赵马黄为五虎将，关羽即怒曰：

> 翼德吾弟也，孟起世代名家，子龙久随吾兄，即吾弟也；位与吾相并，可也。黄忠何等人，敢与吾同列！大丈夫终不与老卒为伍！[12]

关羽遂不肯受印，幸经使者多方解说：“……今汉中王虽有五虎将之封，而与将军有兄弟之义，视同一体。将军即汉中王，汉中王即将军也。岂与诸人等哉？”[13]关羽方才领悟拜受印绶，但其精英心态（elitism）已暴露无遗。及至败走麦城，玉泉显圣，亦是当初不听劝言，加强防守荊州，致令荊州失守，军心溃散。至于庞德抬榇棺决死战，“关公闻言，勃然变色，美髯飘动，大怒曰：‘天下英雄，闻吾之名，无不畏服；庞德竖子，何敢藐视耶！关平一面攻打樊城，吾自去斩此匹夫，以雪吾恨。’”[14]其骄横心理，与早年未入川时的沉默奋勇，判若两人。及至两臂均先后中箭，尤其右臂箭疮，虽经华佗刮骨疗毒，但医者劝告是：“君侯箭疮虽治，然须爱护，切勿怒气伤触。”[15]后来虽是痊愈，终也乏力，同曹将徐晃交锋，也是打个平手，埋下日后兵败未能杀出重围伏笔，再也没有当年威镇百万黄巾的豪情气概。

因此所谓怨恨，并不只是杀人如草芥的仇恨，也可能是心理压抑下产生出来的反抗，如上述挑衅攻击本能抑制。但也经常是英雄本色流露，以扬自己勇气，灭敌人威风。因而我们可以大胆地说“愤怒是英雄勇气的催情剂”，尤其是《三国演义》中蜀汉正面人物不近女色的英雄，虽未达到《水浒传》中英雄那种厌恶女性（misogyny）程度，但重兄弟之义，而轻男女之色，是三国英雄的宝贵情操。关羽、赵云皆是如此。赵云同乡赵范欲以其孀嫂樊氏配云，“云闻言大怒而起，厉声曰：‘吾既与汝结为兄弟，汝嫂即吾嫂也，岂可作此乱人伦之事！’”后赵子龙计取桂阳城后，孔明、刘备闻之，视为佳事，云答孔曰：“赵范既与某结为兄弟，今若娶其嫂，惹人唾骂，一也；其妇再嫁，便失大节，二也；赵范初降，其心难测，三也。主公新定江汉，枕席未安，云安敢以一妇人而废主公之大事。”刘备继续劝说，云答曰：“天下女子不少，但恐名誉不立，何患无妻子乎？”刘备闻言，遂赞叹曰：“子龙真丈夫也。”[16]

由于轻女色乃是大丈夫典范，则反面人物曹操父子便成为重女色的小人了。

他们对异性关系的随便（至少在表面上不加掩饰），令人觉得奸雄与英雄不同，英雄不好女色，但奸雄常做出率性而为之事。当年曹操收降张绣，酒醉思妓，遂与张绣之叔母邹氏有染，进而安置邹氏在城外营寨居住，可谓胆大妄为，目中无人，致令张绣深夜劫营，操勇将典韦护主身亡。[17]曹丕当年随父破袁尚，杀入冀州袁绍家，见袁媳甄氏玉肌花貌，有倾国之色，遂为保全。后操得知，教人唤出甄氏，视之曰："真吾儿妇也。"遂令曹丕纳之。[18]

诸葛亮智计激周瑜力抗曹军，亦是假意劝说周瑜，如能献出两人，曹操百万之众，自会卸甲卷旗而退。瑜问此二人为谁，诸葛亮答云，操本好色之徒，筑造铜雀台广收天下美女，久闻江东乔公二女有沉鱼落雁之容、闭月羞花之貌，遂立誓他日得成帝业，必置二乔于铜雀台以娱晚年。周瑜本是半信半疑，但诸葛亮即诵《铜雀台赋》，加上曹操好色之名，瑜听罢自是勃然大怒，深信不疑。[19]

由此可知，英雄之怒固有多种，但均先后成为行动动机。赵云之怒是一例外，因为他在书中的角色太完美了，完美得实在称不上悲剧英雄，是一败笔。因为英雄借怒而行动，再自行动产生性格上种种缺陷（flaw），而导致进一步壮志未酬的失败或毁灭。[20]

（三）从神到人：英雄的疲惫

建兴五年（227），诸葛亮自汉中上《出师表》，在这人所熟知的《前出师表》奏疏里，除了谆谆劝诫后主广纳忠言，亲贤臣、远小人，诸葛亮的语气是极其无奈，他说：

> 臣本布衣，躬耕于南阳，苟全性命于乱世，不求闻达于诸侯。先帝不以臣卑鄙，猥自枉屈，三顾臣于草庐之中，谘臣以当世之事，由是感激，遂许先帝以驱驰。后值倾覆，受任于败军之际，奉命于危难之间。尔来已二十有一年矣。[21]

短短数句话，说尽了诸葛亮一生沧桑。上表撰写时诸葛亮才46岁，虽云古人寿数与今人稍异，然疲乏激荡着依依不舍的声音，就像一个苍老的旧臣——“今当远离，临表涕泣，不知所云”。如果我们把他在隆中刘备三顾草庐时，纵论天下三分大势那番话相比，其踌躇满志的自信，与涕泪交零的表疏相比，则鲁迅下面的话只说对了一半。鲁迅在论《三国演义》时指出：“至于写人，亦颇有失，以致欲显刘备之长厚而似伪，状诸葛之多智而近妖。”[22]这几句话不无商榷之处。刘备以破落皇室之后，一无所有，趁黄巾之乱而组兵崛起，与群雄世家逐鹿中原，其委曲求全的戮力、知人善任的眼光、宽厚容人的道量以及他唯一拥有的汉室血统，最后能三分天下，实在不能不靠他一点“似伪”的机智。譬如临终托孤，也就是他一番有如“intellectual lie”近伪言语，迫使诸葛亮不得不鞠躬尽瘁，死而后已。[23]

诸葛亮天纵英明，得逢刘备知遇，如水之活鱼。初出茅庐，便协助刘备扭转局面，火烧新野，曹兵丧胆。跟着谈笑用兵，智激周瑜，草船借箭，火烧连环，及至入川，三国鼎立，无一不在他的精密算计之中。当今军事高度机密作业，许多情报隐私和诸葛亮没有两样，只不过汉人流行阴阳五行术说，重鬼神、讲天命。譬如孔明和司马懿互相夜观天象，以星宿显晦来解释人间本命星的吉凶，以故事而言，非常引人入胜。尤其善诈多疑的司马懿，每次都在诸葛亮的算计中，甚至“死孔明走生仲达”，这些都牵涉当时流行的阴阳五行、谶纬卜卦、天文术数话语。因为大家相信，诸葛亮才能善加运用在战术上，更增加其神秘诡谲善变，因而战无不胜，有如仙人未卜先知，能使武将一一信服，听其差遣。这种“神化”过程，遂令鲁迅先生感到有术士妖气。[24]

所谓“神化”及其异于常人的勇毅智慧，其实和希腊神话英雄的 divinebirth（即人神父母结合所诞生的孩儿）非常相近，更能显示出英雄与众不同的特殊禀赋及上天垂眷，正如刘备强调其汉室血统而膺天命一样，诸葛亮的神机妙算，洞触机先，有如神兵，自然让凡人觉得英雄身份的一种神格化（deification），这种认定，和关羽死后封神如出一辙。

可是有如天神的英雄，为何会在前后《出师表》里流露出如此严重的疲惫呢？西方悲剧英雄在逆境里，也许经常会产生巨大的沮丧与无奈，然而几乎无法与诸葛亮相比，原因在于“尔来已二十有一年矣”或更长的时光，那是三一律的希腊悲剧无法相比的。在如此漫长的一段时间里，汉贼不两立，王业不偏安，诸葛亮食不甘味、寝不安席，入川以后，五月渡泸，六出祁山，然而皆未能完成辅助刘氏恢复汉室、一统天下的帝业。长久以来，北征已成为孔明巨大的抑恋（obsession），那又焉能不疲惫？尽管疲惫没有产生随来的怠倦，但我们非常明显地看到，后期出兵不顺的诸葛亮，越来越像人多过像神，并且拥有凡人无法克服的困难和限制。[25]这种缺憾的完成，我们可以从命运定数及生命有限的两方面来探讨。所谓定数，指的是冥冥之中皆有注定，人不能胜天，而悲剧英雄命运，大多倔强执拗，逆天而战，企图以人的意志扭转天的安排。[26]他的成功或失败，都不重要，重要的是他是人，拥有强烈的企图心，而让他的成功或失败，成为生命过程中的终极意义。然而生命有限，时光决定了游戏规则，英雄一生，奸雄一生（狗熊也是一生）。人的寿数虽有长短，却并不代表长优短劣，而在乎于游戏设定时间里——顺天也好，逆天也好，英雄功业的完成。

《三国演义》中英雄功业的挫败，成为悲剧意识结构中的必然缺憾。而这种缺憾的完成，有点像 Ivan Morris 论日本文学中的“高贵挫败”（the nobility of failure）。[27]因而英雄功业必须挫败，才能显出英雄行动的高贵。诸葛亮与司马懿对峙多时，可谓棋逢敌手，然而交手多次，多是诸葛胜司马败。最后诸葛亮甚至用计困司马父子在谷底，本会马上被火烧死，怎知忽地雷霆大作，骤雨倾盆，满谷之火，尽皆浇熄；地雷不震，火器无功。诸葛亮叹曰：“谋事在人，成事在天，不可强也。”[28]这是诸葛亮首次形诸语言的无力挫败感，充分表现出人的局限与疲惫。

五丈原禳星亦是力挽生命有限时光的狂澜，表面看来，魏延慌张鲁莽闯入，踢翻诸葛亮祈命主灯，因而功亏一篑。其实是诸葛亮欲违背游戏规则，延长时间（其他英雄或对手均已先后作古），他拜祝延命祷词的理由是，希望能“上报君恩，下救民命，克复旧物，永延汉祀”。而祈禳失败，一方面预告汉祀终结，另一方面响应诸葛亮万念皆灰的感叹：“死生有命，不可得而禳也。”[29]

于是我们又重复回到希腊先哲沉思本体（ontology）的问题，同时也是庄子道家的疑惑：以有涯之生，追逐无涯之知，实在是危殆之事。三国英雄的最大幻灭就是时不与我（run out of time）与时不利我（wrong timing），有如项羽垓下夜拥虞姬与骏马的悲歌：“时不利兮骓不逝。”[30]诸葛亮所谓死生有命，其实就是人对有限生命本体的无限哀鸣。耶鲁的苏获教授（Richard Sewall）论及悲剧视野（The Vision of Tragedy）时，曾提到雅士培（K.Jaspers）的“人类界限说”（human boundary）。苏氏指出悲剧英雄绝对不甘雌伏，他不只对抗命运，拒绝悔恨，甚至上天落地求索，以图一个公道。[31]而所谓“人类界限”，就指当人被逆境推到自我主权的边境（就像《圣经·旧约》里的约伯），无路可走，无力回天，他的存在遭逢到终极生存的威胁，一切哲学解释均是徒然。[32]无路可走是指诸葛亮功业未成的沮丧与疲惫，一方面是后主的爱逸恶劳，另一方面却是北伐多次的徒劳无功，他已经开始明白人的极限，从神般的雄姿英发，堕入人的苍老无力。雪上再加霜，人的寿元将尽而又回天乏术时，他发觉自己站在人类界限，同时也在本体边缘上，感受到最终极的存在威胁。那再也不是哲学认知“我是谁”的问题，而是“我还能做什么”的呐喊彷徨。这种缺憾的完成，当然也是一切悲剧的开始。

注　释

[1]罗贯中.三国演义.赵聪，点校.香港：友联出版有限公司.1969。整阕词为："滚滚长江东逝水，浪花淘尽英雄，是非成败转头空，青山依旧在，几度夕阳红。白发渔樵江渚上，惯看秋月春风，一壶浊酒喜相逢，古今多少事，都付笑谈中。"

[2] 所谓 A-effect 或 V-effect（Verfremdung），都是指局外人的观众应具备疏离或隔离心态去观赏剧中人的演出，此效果更臻艺术领会。据云布氏于 1935 年莫斯科观梅兰芳清唱时有所领会，认为京剧这种表演方式，极能呈现艺术层次的疏离效果。这方面的讨论可参阅 John Willett. *The Theatre of Bertolt Brecht*.New Directions，1959。

[3] 所谓"悲剧"与"缺憾"，除亚里士多德的悲剧论，Northrop Frye 在《批评解剖》一书内亦把它归诸肃杀的"秋季神话"。见 Northrop Frye.*Anatomy of Criticism*.Atheneum, 1969：206~223。因此"惯看秋月春风"十分吻合 Frye 的神话原型结构，他把春夏秋冬四季，分别赋予喜剧、传奇、悲剧、讽刺四种不同本质。

[4] Homer,《伊利亚特·赫克托尔之死》第 22 章。《伊利亚特》第 1 章（Book 1）开始吟唱："The Wrath of Achilles is my theme,that the fatal wrath, which, in fulfillment of the will of Zeus, brought the Achaeans so much suffering and sent the gallant souls of many noblemen to Hades,leaving their bodies as carrion for the dogs and passing birds."

[5]《三国演义》第 9 回。

[6]《三国演义》第 10 回。曹操杀人及为反面人物之事，中国于 1959 年曾热烈讨论，由郭沫若、翦伯赞等人替曹操翻案，认为他受到很

大歪曲，他不只在青州重组黄巾，并实施屯田制，安定农民，同时替曹随意杀人的行为辩护。读者可参阅郭沫若、翦伯赞等著《曹操论集》，香港三联书店 1979 年版。

［7］《三国演义》第 64 回。

［8］ "Thee lement of truth behind all this which people are so ready to disavow, is that men are not gentle creatures who want to be loved,and who at the most can defend themselves if they are at tacked; they are,on the contrary,creatures among whose instinctual endowments is to be reckoned a powerful share of aggressiveness. As a rule this cruel aggressiveness waits for some provocation or puts itself at the service of some other purpose,whose goal might also have been reached by milder measures.In circumstances that are favorable to it,when the mental counter–forces which ordinarily inhibit it are out of action,it also manifests itself spontaneously and reveals man as asavage beast to whom consideration towards his own kind is something alien.Anyone who calls to mind the atrocities committed during the racial migrations or the invasions of the Huns, or by the people known as Mongols under Jenghiz Khan and Tamerlane, or the capture of Jerusalem by the pious Crusaders,or even, indeed, the horrors of the recent World War anyone who calls these things to mind will have to bow humbly before the truth of this view." Sigmund Freud(1961),*Civilization and Its Discontents*, W. W. Norton and Company, P 68~69。

［9］ "Mine is a most peaceable disposition.My wishes are:a humble cottage with a thatched roof,but a good bed,good food,the freshest milk and butter,flowers before my window,and a few fine trees before my door;and if

God wants to make my happiness complete, he will grant me the joy of seeing some six or seven of my enemies hanging from those trees.Before their death I shall,moved in my heart,forgive them all the wrong they did me in their lifetime. One must,it is true,forgive one’s enemies——but not before they have been hanged.” Note, ibid., P67~68。

［10］按照弗洛伊德的观点，也是一种由欲念（libido）进展为自恋（narcissism）心态，同［9］，第76页。关羽威武过人，书中第1回描述他“身长九尺，髯长二尺，面如重枣，唇若涂脂，丹凤眼，卧蚕眉，相貌堂堂，威风凛凛……”有如天将下凡。

［11］《三国演义》第65回。

［12］［13］《三国演义》第73回。

［14］《三国演义》第74回。中国学者大都运用亚里士多德《诗学》中悲剧人物缺陷及过失的看法，认为关羽、刘备是性格悲剧，孔明是命运悲剧。见河南省社会科学院文学研究所编《三国演义研究论文集》，中华书局1991年版。

［15］《三国演义》第75回。

［16］《三国演义》第52回。

［17］《三国演义》第16回。

［18］《三国演义》第33回。

［19］《三国演义》第44回。其实整首《铜雀台赋》内只有两句“揽二乔于东南兮，乐朝夕之与共”，当时又无文本稽查，全属诸葛亮个人记忆。

［20］有学者认为关羽、赵云的不同，就是前者具备悲剧人物常有的感人魅力——缺陷美。他的真切实在，与我们类似。见张振军《传统小说与中国文化》，广西师范大学出版社1996年版。

［21］《三国演义》第 91 回。

［22］鲁迅 . 中国小说史略 . 香港：三联书店，1958：100。

［23］《三国演义》第 85 回，先主泣曰："君才十倍曹丕，必能安邦定国，终定大事。若嗣子可辅，则辅之；如其不才，君可自为成都之主。"孔明听毕，汗流遍体，手足失措，泣拜于地……言讫，叩头流血。

［24］十分有趣的是，以民间传统来看《三国演义》时，谈到史诗母题（motif），直率地指出："诸葛亮本人的形象也具有史诗的特点。诸葛亮不仅仅是刘备的谋臣、天才的统帅，还是一个术士和巫师。"

［25］［俄］李福清（B.Riftin）. 三国演义与民间文学传统 . 上海：上海古籍出版社，1997：79。

［26］许多研究都指出，诸葛亮失败，是人的失败多过神的失败。"诸葛亮的悲剧在于智慧与国力的错位。他才智盖世……在其后六出祁山诸战役中，他虽然处处出奇制胜，却于战略上几无建树，这只能在他第一流的智慧和第二流的国力之间无法解决的矛盾中获得说明。这一系列的战略失败都为诸葛亮事先预测到，却没有足够的谋臣良将和兵力运用于千钧一发之际。"见杨义《中国古典小说史论》，中国社会科学出版社 1995 年版。

［27］Ivan Morris.*The Nobility of Failure:Tragic Heroes in the History of Japan*.London:Secker and Warburg，1975。

［28］《三国演义》第 103 回。

［29］同［28］。亦如今日球赛，按时而止，输方不能要求加赛。

［30］见《史记・项羽本纪》。

［31］"The tragic vision impels the man of action to fight against his destiny,kick against the pricks,and state his case before God or his fellows." Richard Sewall(1959).*The Vision of Tragedy*.Yale University Press,P5。

［32］ "The human boundary-situation is encountered when human possibility reaches its limit,when human existence is confronted by an ultimate threat." Ibid.,P151。